마음속에는 괴물이 산다

마음속에는 괴물이 산다

불안과 콤플렉스에서 탈출하는 자신감의 심리학 — **한덕현**(스포츠 정신의학 전문의) 지음

청림출판

우리 모두의
마음속 괴물 들여다보기

대학 시절 절친한 친구였던 나민이는 늘 걱정스러운 얼굴로 나를 타박하곤 했다.

"내일이 가장 중요한 해부학 시험 날인 거 몰라? 그런데 넌 어떻게 총장 배 농구대회 준결승전 날만 기억하고 있냐. 제발 주제 파악 좀 해라. 밤새워 공부해도 시원찮을 판에 지금 뭐하고 있는 거냐고. 너 대체 뭐가 될래?"

당시 내 가방 속에는 그 많은 전공 관련 원서 한 권이 없었다. 대신 농구공, 농구와 관련된 책, 그리고 땀 냄새가 밴 운동복 두어 벌이 전부였다.

지금부터 20년 전, 나는 왜 의대를 다녀야 하는지, 앞으로 어떤 의사가 되어야 하는지, 정말 그것이 내 길인지 확신이 없었다. 계속 쌓여만 가는 공부의 양도 감당할 수 없었을 뿐만 아니라 자신감도 바닥으로 떨어져 있었다. 재시험자 명단에서 내 이름은 언제나 커트라인이었다.

전공 공부에 영 흥미를 느끼지 못했던 나는 영어 공부라도 해볼까 싶어 도망치듯 미국으로 떠났다. 그런데 그곳에서 뜻밖의 행운을 만나게 될 줄이야. 우연히 펜실베이니아대 도서관에서 엄청난 발견을 하게 되었다. 미국정신의학회 학술지인 〈미국정신건강의학저널American Journal of Psychiatry〉에 실린 '스포츠 정신의학의 개관An Overview of Sports Psychiatry'이 그것이다. 그렇다! 세상에는 나와 같은 생각을 하는 의사들이 또 있었다.

그 후 나의 미래가 조금씩 그려지기 시작했다. 텅 비어 있던 머릿속에 '스포츠 정신의학자'라는 정체성이 자리한 것이다. 그때부터 막연한 불안감 대신 뚜렷한 목표가 생겨났다. 그리고 스포츠 정신의학도의 꿈을 이루기 위해 전력질주하기 시작했다.

당시에는 스포츠 정신의학에 대한 자료들이 미흡하기 짝이 없었다. 하지만 스포츠에 대한 열정이 넘쳐났던 나는 뭐라도 해야 했다. 우선 매일 아침 과장님이 출근하기 전에 세 가지 스포츠신문을 통독했다. 응급실에서 환자들과 함께 밤을 샌 날에도 한두 시간 눈을 붙이는 일보다 전날의 경기 내용과 선수들의 컨디션을 파악하는 것이 더 중요했다. 가난했던 유학 시절엔 한국에서 전지훈련을 떠나온 선수들을 만나기 위해 아내 몰래 10달러씩 모은 비상금으로 보스턴에서 플로리다로 날아가는 일도 서슴지 않았다.

스포츠 정신의학에 마음을 빼앗겼던 지난 10년간의 내 삶을 돌이켜보면 정말로 궁금하다. 도대체 무엇이 한 사람을 이렇게 바꿔놓은 걸까? 이 질문에 답하기 위해서는 귀가 닳도록 들어온 근원적인 질문과 마주해야 한다. 바로 '나는 누구인가?'라는 질문이다. 탯줄을 끊고 세상 밖으로 나온 순간부터 우리는 이 질문에 대한 답을 찾아나간다. 나는 상담할 때마다 상대에게 자주 묻는다. "당신은 누구인가요?" 내가 누구인지 알아가는 과정은 불안, 공포증, 외로움, 우울증 등 현대인을 괴롭히는 정신 문제를 해결할 수 있는 최초의 실마리가 되기 때문이다.

흔히 '각본 없는 드라마'라 불리는 스포츠에는 인간의 희로애락이 모두 녹아 있다. 가슴 뭉클한 감동과 환희가 있는가 하면 뜨거운 눈물도 있다. 자신의 한계를 뛰어넘는 아름다운 도전에 나선 운동선수들은 우리에게 놀라운 인간 승리의 감동과 카타르시스를 선사한다. 스포츠는 육체적 노력의 총화이기도 하지만 정신적 측면에서는 삶의 리허설 혹은 압축 버전으로 이해될 수 있다. 그런 면에서 스포츠는 인간의 정신적 측면을 설명하기에 가장 적합한 분야가 아닐까 싶다.

성적순으로 평가받는 운동선수들의 모습은 치열한 경쟁사회를 살아가는 현대인의 모습과 많이 닮아 있다. 선수들의 심적 갈등은 대부분 원하는 결과를 얻지 못했을 때 일어난다. 그동안의 노력과 열정이 헛수고로 돌아갔을 때, 그들은 매우 힘들어하고 속상해한다.

우리 삶도 마찬가지다. 살다 보면 이런저런 일들을 겪기 마련이다. 최선을 다했는데도 일이 잘 풀리지 않을 때가 있다. 가뜩이나 일이 뜻대로 되지 않아 속상한데 여기저기서 내 노력을 의심하고 책망하는 소리까지 들려온다. 이럴 때 대다수 사람들은 좌절하고 절망하며 스스로를 들여다본다. 내가 왜 기를 쓰고 노력하는지, 왜 이러한 목표를 갖게 되었는지 스스로에게 묻는다. 그리고 이러한 과정을 거치면서 자기 자신을 조금씩 알아간다.

이 책에 나오는 운동선수들의 갈등과 좌절 이야기는 우리 삶과 너무나도 닮아 있다. 이들의 이야기를 통해 우리들 안에 숨어 있는 괴물들을 하나하나 찾아내는 일이 우리들 각자의 모습을 들여다보는 데 유용한 단초가 되어줄 것이다.

경쟁 속에서 매일 위험한 줄타기를 하는 직장인들, 수십 통의 입사지원서를 쓰면서 식욕을 잃고 낙담해 있는 청년들, 며칠이고 컴퓨터 게임에 빠져 지내다 결국 심리 치료를 받아야 할 지경에

이른 청소년들, 명절 때마다 정신적·육체적 스트레스에 시달리며 피로를 호소하는 이 땅의 며느리들……. 이들의 이야기는 결코 가볍지 않은 우리 모두의 이야기라 할 수 있다. 굳이 '정체성 위기'라는 말로 설명하지 않더라도 각박한 현대사회에서 인간의 삶은 점점 더 황폐해지고 있다. 우울증으로 소중한 삶을 포기하거나 공황장애로 힘든 시간을 견디고 있는 연예인들의 이야기가 남 일 같지 않다.

청소년기에 내가 가졌던 의문 가운데 하나는 '왜 사는가?'였다. 이 질문을 책상 앞에 커다랗게 써 붙여놓고 제법 심각하게 고민했던 적도 있다. 어느 날 누군가 그 종이 귀퉁이에 이런 말을 적어놓았다.

"왜 사는지 알기 위해 산다."

똑같은 고민을 했지만 그때까지도 답을 찾지 못한 나의 아버지가 적어놓으셨던 것이다. 그렇다. 삶에 대한 근본적인 질문에 명쾌한 답을 내놓을 사람이 어디 있겠는가. 우리가 알고 있는 수많은 성인군자도 자신의 정체성을 완벽하게 파악하지는 못했을 것이다. 인간은 수없이 질문하고 답을 찾아가는 과정 속에서 자신의 정체성을 조금씩 확인하고 깨닫는 존재일 뿐이다.

이 책이 자신이 누구인지 묻고 고민하고 알고자 하는 이들에게 작은 도움이 되었으면 하는 바람이다.

차례

2장·덜 흔들리고 더 단단해지고 싶다면

3장 · 마음의 감옥으로부터 나오는 법

4장 · 관계 속에서 행복 찾기

1장

마음속 괴물을
찾아서

콤플렉스가
나를 창조한다

"선생님, 제 안에 괴물이 살고 있는 것 같아요. 제가 뭔가를 하려고 할 때면 어김없이 정체를 드러내는 괴물이요. 평소에는 조용히 숨어 있다가 결정적 순간에 불쑥 나타나 저를 집어삼켜요. 그럴 땐 정말 어떻게 해야 할지 모르겠어요."

경기도에서 골프를 가장 잘 친다고 알려진 선수가 내게 들려준 말이다. 그는 프로골프 경기에 출전할 수 있는 투어프로 선수가 아니라 세미프로 골퍼였다. 골프를 시작하고 얼마 지나지 않아 골프 연습장에서 그를 처음 만났는데, 프로 선수들에게 공 치는 기술과 경기 운영에 관해 조언할 정도로 실력이 뛰어난 그가 세미프로라는 사실은 다소 의아했다.

어느 날 그가 병원으로 나를 찾아왔다. 당시 그는 프로테스트에서 떨어져 크게 낙심해 있었다. 그가 프로테스트에서 계속 떨어지는 결정적인 이유는 부담감 때문이었다.

그는 테스트를 받을 때마다 마지막 홀이나 그 직전 홀에서 치명적인 실수를 범하곤 했다. 경기가 막바지에 이르면 그는 '이번에도 또 떨어지면 어떡하지?', '이번 홀에서 스코어를 줄이지 못하면 테스트를 통과하지 못할 텐데' 하는 불안감에 휩싸여 제 실력을 발휘하지 못했다. 그런 부정적인 자기암시 때문에 자신도 모르게 스윙에 힘이 들어가는 바람에 공이 엉뚱한 방향으로 떨어지곤 했다.

그의 불안한 감정 상태는 스코어에 악영향을 주었고 그 결과 최종 순위에서 항상 1~2등 차이로 아쉽게 탈락을 했다. 마지막 코스에서 평소대로만 경기를 치렀다면 충분히 컷오프를 통과할 수 있는 스코어였기 때문에 그의 아쉬움은 더 컸다.

"대여섯 번 떨어져 보니까 비로소 알겠더라고요. 불안한 마음이 탈락의 원인이라는 걸 깨달은 거죠. 그 뒤로 명상도 하고 선배들에게 조언도 구하며 침착함을 유지하려고 노력했어요. 그런데 아무리 애써도 마지막 코스에서 여지없이 불운이 반복되더라고요. 혼자서 끙끙 앓고 있다 이렇게 선생님을 찾아왔습니다."

나는 그와 상담을 하면서 많은 이야기를 들었다. 가족 이야기, 선배들과의 관계, 가족을 부양해야 하는 이유 등 그는 자신의 처지와 속내를 가감 없이 털어놓았다.

"무조건 돈을 많이 벌어야 한다고 생각했어요. 한편으로는 '돈은 벌어서 뭐하나' 하는 생각도 들었습니다. 돈 벌면 다 집에다 가져다줘야 하는데 나만 이게 뭔가 싶어 우울해져요. 그러다 보면 죄책감을 느끼게 돼요. 그런 생각을 한다는 게 가족들한테 미안해서요."

몇 차례에 걸쳐 상담을 해보니, 그는 프로가 되지 못해 아쉬운 것도 있지만 프로가 된 뒤 겪게 될 답답한 상황 때문에 괴로워하고 있었다. 자신만 혼자 고생하는 것도 억울한데, 거기에 죄책감까지 더해져 큰 심적 고통을 겪고 있었다.

그가 고백했던 '마음속 괴물'의 정체는 그의 과거, 현재, 그리고 미래가 뒤엉켜 있는 콤플렉스였다. 그의 마음속에는 아주 커다란 콤플렉스 덩어리가 은밀하게 숨어 있었던 것이다.

콤플렉스는 극복되기 위해 존재하는 것

우리도 이 골프선수처럼 매일같이 수많은 콤플렉스와 만난다. 유독 자기 자신만 불행한 환경에 처해 있다고 생각될 때가 많다. 나름대로 뭔가를 하면서 열심히 살아왔는데 그럴듯한 성과물이 없는 현실에 실망하고 화가 난 적도 있다.

그러다 흥분을 가라앉히고 돌아보면 자신이 남들만큼 치열하

스포츠에는 극복하기 어려운 규칙, 즉 콤플렉스를 정해놓고
선수들이 이를 극복하는 과정을 즐기는 양면성이 있다.

게 살지 않았다는 생각이 든다. 모든 게 못난 자기 자신 때문인 것 같다. 하지만 이러한 생각들은 다 질기고 고약한 콤플렉스 때문이다.

콤플렉스란 행동이나 지각에 영향을 미치는 무의식에 거주하는 감정적 관념이다. 특히 열등감과 깊은 관련이 있고 희로애락의 감정과도 연관되어 있다. 일부 예외가 있지만 콤플렉스는 대부분 극복되기 위해 존재한다. 우리는 결과와 상관없이 콤플렉스를 이겨내기 위해 노력할 때, 삶의 의미가 생긴다.

스포츠를 떠올려보면 콤플렉스를 쉽게 이해할 수 있다. 스포츠에는 극복하기 어려운 규칙, 즉 콤플렉스를 정해놓고 선수들이 이를 극복하는 과정을 즐기는 양면성이 있다. 손을 못 쓰게 하고 오로지 발로 공을 차게 하는 축구, 1미터가 넘는 길고 가느다란 방망이로 주먹보다 작은 공을 쳐내게 하는 야구 등 일부러 까다롭고 어려운 규칙을 만들어놓고 그것을 극복하기 위해 무던히도 노력한다.

격투기의 효시는 로마시대의 노예 싸움이었다. 마라톤은 전쟁터에서 승리를 알리기 위해 병사가 약 40킬로미터를 달린 데서 비롯되었다. 이처럼 죽기 살기로 달려드는 스포츠를 떠올려보면 콤플렉스는 극복해야 할 그 무엇이면서 우리에게 필요한 에너지가 되기도 한다.

별종 스포츠 정신의학자

스포츠 정신의학에 입문하고 처음 얼마 동안은 '나는 누구이며 왜 이 일을 하고 있는가?'라는 질문을 자주 던졌다. 지금이야 나를 인정해주고 이해해주는 감독과 코치, 선수들이 많지만 이 분야에 입문한 초창기에는 완전히 이방인 취급을 받았다. 취재 기자도 아니면서 경기 시작 전에 면담 시간을 내달라고 부탁하는 건 쉬운 일이 아니었다. 그들이 볼 때 나는 별종이었던 것이다.

당시 나는 스포츠 분야에서 나를 필요로 할 것이라 생각했다. 하지만 정작 스포츠 관계자와 운동선수들은 '저 사람은 대체 뭐야?' 하는 시선으로 나를 시큰둥하게 바라볼 뿐이었다. 이처럼 내 스스로에 대한 평가와 외부의 평가가 불일치하자 마음속 깊이 콤플렉스가 자리 잡기 시작했다. 콤플렉스에 시달릴 때마다 '나는 누구지? 왜 이 일을 하고 있지?'라고 물으며 힘든 시간을 견뎠다.

국내에서 스포츠 정신의학은 아직까지 시작 단계에 불과해 나의 콤플렉스는 여전히 맹렬하게 작동하고 있다.

"제가 선생님을 이렇게 우연히 만난 게 아니라, 일부러 찾아뵌 것이었으면 더 좋을 뻔했어요."

어느 전직 국가대표 선수의 진심 어린 말을 들은 뒤로 나는 '선수들이 일부러 찾아주는 스포츠 정신의학자'라는 나만의 정체성을 찾았다. 이에 자극을 받아 야간 경기라도 있는 날이면 지방이라도 마다하지 않고 찾아가 선수들을 만났다. 쌈짓돈을 모으듯 아껴놓은 연차 휴가도 선수들의 전지훈련장을 방문하는 데 모두 써버리곤 했다. 아내는 이런 나를 도무지 이해할 수 없다고 말하지만 콤플렉스를 극복하기 위한 나의 노력은 지금도 계속되고 있다.

정체성이란
무엇인가

"배팅은 타이밍이고, 피칭은 그 타이밍을 흩뜨려놓는 것이다."

메이저리그에서 역대 최다승을 기록한 좌완투수 워런 스판 Warren Spahn이 남긴 이 말을 나는 매우 좋아한다. 자신의 역할을 정확하게 꿰뚫는 말이기 때문이다. 자신의 일에 대해 명쾌하게 정의를 내릴 수 있는 사람은 그리 많지 않다.

현대사회는 한 사람에게 너무 많은 역할을 주문한다. 당연하듯 다양한 역할을 요구하는 사회에서 우리는 어떻게 대처해야 할지 몰라 난감하고 불안할 때가 많다. 이를 사회학 용어로 '역할갈등role conflict'이라 한다. 역할갈등이란 개인이 다수에게 상반된 역할을 요구받았을 때 겪는 혼란을 의미한다.

수비에 신경 쓰는 공격수

2002년 한일 월드컵에서 한국 축구가 4강에 오르면서 멀티플레이와 멀티태스킹multitasking 바람이 불었다. 이때부터 우리나라 축구의 전술과 전략은 대부분 그 틀 안에서 이뤄졌다. 공격수이지만 때로 수비를 더 열심히 해야 했고 수비수이지만 공격에도 자주 가담해야 했다.

청소년 국가대표 출신의 유망한 공격수도 이 덫에 걸려 힘들어하다 나를 찾아왔다. 공격에 집중하지 못하고 수비까지 신경 써야 했던 이 선수는, 공격에 실패했을 때 또 다른 공격으로 실패를 만회하려 하기보다는 수비를 통해 책임을 회피하려 했다. 나는 면담을 통해 지속적으로 그에게 공격수의 역할을 강조했다. 그리고 그것은 너무나도 당연한 충고였다. 공격수는 공격할 때 자신의 정체성이 가장 잘 드러나고 힘을 발휘할 수 있기 때문이다.

아마추어에서 프로에 막 입문한 선수들을 보면 자신이 보여줄 수 있는 능력을 전부 보여주고 싶어 한다. 공격수라면 공격을 통해 자신의 실력을 보여주는 것이 가장 자연스러운 일인데도 때로 그것만으로는 부족하다고 생각한다. 감독한테 잘 보이기 위해 또 다른 실력을 보여줘야 한다는 선수들의 강박은 자신감이 떨어지는 상황에서 자주 나타나는 심리 상태다.

나는 운동선수들과 상담할 때 대부분의 시간을 선수들의 정

정체성은 무의식적으로 '무너지지 말아야 할 이유'를 제공할 만큼
심리적 장벽 내지는 뿌리와 같은 역할을 한다.

체성을 찾아주는 데 할애한다. 연습을 할 때든 경기를 치를 때든 자신의 정체성, 즉 "나는 어떤 선수인가?"에 대한 답을 먼저 할 수 있어야 제 기량을 발휘할 수 있기 때문이다.

자신의 정체성을 분명히 의식하고 있는 선수는 외부 변수가 발생하거나 부정적인 피드백을 받아도 경기에 지장을 줄 정도로 중심이 흔들리지는 않는다. 하지만 그렇지 못한 선수는 사소한 루머에도 쉽게 무너진다. 정체성은 무의식적으로 '무너지지 말아야 할 이유'를 제공할 만큼 심리적 장벽 내지는 뿌리와 같은 역할을 해낸다.

"나는 누구인가"

내가 "당신은 어떤 선수이지요?"라고 물으면 대부분의 선수들은 당황하거나 긴장한다. 이 질문에 대한 선수들의 반응은 몇 가지 유형으로 분류된다.

그중 "뭘 물으시는 거죠?" 하고 반문하는 선수들이 가장 많다. 이런 유형의 선수들은 무난하게 프로 적응을 하지만 슬럼프에 빠졌을 때 해결 방법을 제대로 찾지 못하는 경우가 많다. 이유는 '주관적 핵심'이 파악되지 않기 때문이다. 틀린 답이라도 자기 논리가 명확한 선수들은 슬럼프 상태에서 쉽게 빠져나온다. 자신의 어떤 생각이 잘못되었는지 정확히 파악하고 있기 때문이다. 그러나 제대로 된 논리가 부족한 선수들은 어디서부터 잘못되었는지 파악하기가 힘들기 때문에 슬럼프에 빠져 오랜 시간 허우적거리게 된다.

두 번째 유형은 "저는 오래도록 야구를 하고 싶고 사람들에게도 널리 알려지고 싶어요"라고 답하는 선수들이다. 이들은 선수 생활에 대한 고민보다 스타 선수가 되어 누리는 인기에 더 많은 관심을 갖고 있다. 나는 이런 선수들에게 스타 선수가 되기 위해 견뎌야 할 어려움과 고통에 대해 자주 얘기해준다. 막연한 동경만으로는 힘겹고 외로운 선수 생활을 극복하지 못하기 때문이다.

세 번째 유형은 다소 당돌한 선수들이다. 이들은 "저는 A급 선수입니다"라고 당당하게 말한다. 하지만 구체적으로 "왜 당신이 A급인가요?"라고 물으면 그 이유를 제대로 설명하지 못한다. 이들은 자신감에 넘치다가도 한순간 쉽게 좌절하는 특징을 보인다. 반대로 신인 드래프트에서 1위에 뽑혔으면서도 "저는 C급 선수인데요"라고 말하는 선수들도 있다. 그러나 이들 가운데 자신을 정말로 C급 선수로 생각하는 선수는 드물다. 오히려 자신을 A급 선수라고 답변한 선수들보다 더 자만심을 교묘히 감추고 있다.

마지막 유형은 "저는 홈런 타자인데요" 혹은 "저는 빠른 선수인데요"라고 답변하는 선수들이다. 이들은 자신의 장단점을 구체적으로 설명할 줄 안다. 이처럼 자신의 정체성을 명확하게 파

악하고 있는 선수들은 문제가 생겼을 때 쉽고 빠르게 해결해나
간다.

독일 출생의 미국 정신분석학자 에릭 에릭슨Erik Erikson은 정체성
에 대해 자신의 자신됨과 독특함에 대한 자각적 의식, 인생의 지
속성에 대한 무의식적 욕구, 그리고 사회와 집단의 영향 속에서
뿌리내리고 환경의 도전을 극복하는 데서 오는 자신감 등이 포
함된 '다차원적 개념'이라 정의했다.[1] 즉 정체성은 자신이 이루고
싶은 목표, 원하는 인생을 살 수 있는 원초적 에너지를 제공하는
정서적 모체다. 이런 에너지야말로 우리가 분초 단위로 변하는
사회에 기민하게 적응하기 위해 필요한 최적의 가치가 아닐까.

슬럼프인가
초크인가

. . . . .

　나를 슬금슬금 피하던 선수들이 어느 날 갑자기 자발적으로 찾아올 때가 있다. 바로 자신이 슬럼프에 빠졌다고 생각했을 때다. 그런데 그때는 슬럼프에 빠진 직후가 아니다. 이 방법 저 방법 다 써보고 난 뒤 '아, 이제는 정신과 의사라도 만나봐야겠다' 하는 심정으로 나를 찾아오는 것이다. 놀라운 것은 선수들이 슬럼프에서 빠져나올 수 있는 방법을 나름대로 열심히 시도해봤음에도 불구하고 전혀 효과가 없었다는 사실이다.

　"제가 왜 이러는 건지 잘 모르겠어요."

　슬럼프에 빠진 선수들과 면담할 때 가장 많이 듣는 말 가운데 하나다.

그러나 면담하다 보면 하나둘 이야기가 나오기 시작하고 슬럼프에 빠진 이유들은 금세 십여 가지로 늘어난다. 문제는 그들이 슬럼프에 빠지게 된 이유가 한두 가지가 아니라는 것이다. 예전에 입은 부상 때문인 것 같기도 하고, 새로 부임한 코치의 잔소리가 듣기 싫어서인 것 같기도 하고, 부모님의 기대 때문인 것 같기도 하고……. 운동하기 싫은 갖가지 이유를 대면서도 그들은 정작 자신이 슬럼프에 빠진 진짜 이유를 알지 못한다.

문제가 발생하면 원인부터 파악해야 한다. 슬럼프 기간이 긴 선수들을 보면 이런저런 방법을 다 써보고 난 뒤에야 가까스로 좋아지는 경우가 종종 있는데, 이는 처음부터 주요 원인을 찾지 못하고 다른 곳에서 헤맸기 때문이다.

선수들이 주요 원인에 접근하지 못하는 건 몰라서가 아니라 그 원인을 받아들이지 못하기 때문이다. 예를 들면 자신이 프로 축구선수임에도 왼발 드리블 실력이 아마추어 수준밖에 안 된다는 사실을 차마 받아들일 수 없는 것이다. 자신의 결핍이나 단점을 인정하는 일은 알몸을 만천하에 드러내는 일만큼 두려운 일이다. 특히 완벽주의자일수록 더욱 그렇다.

"내가 원하는 것은 무얼까?"

완벽주의자들은 방어의 귀재들이다. 이들이 주로 사용하는 방어기제는 '감정의 고립'이다. 감정의 고립은 감정과 생각을 느끼는 주체가 격리됨으로써 아무리 해로운 생각을 해도 불편한 감정을 느끼지 않는 상태를 말한다. 즉 어떤 문제를 반복적으로 생각하면 답답하고 괴로워지기 마련이고, 딱히 대안이 없을 때는 불편한 감정이 들 수밖에 없다.

하지만 감정의 고립은 이런 감정이 동반되지 않는다. 문제를 반복적으로 떠올려도 불편하거나 감정이 소모되지 않기 때문이다. 이런 상태가 되면 정신과 치료 효과도 현저히 떨어진다. 이때는 통증(불편한 감정)을 느끼게 하는 것이 치료의 시작이 되어야 한다.

실제로 완벽주의자들을 치료하는 데는 많은 시간을 필요로 한다. 나는 완벽주의자를 상담할 때면 먼저 마음의 무거운 짐부터 내려놓으라고 요구한다. 마음의 짐을 내려놓아야 불필요한 에너지 소모가 적기 때문이다. 수치스러움과 결핍을 내려놓지 않으면 '말할까 말까?', '이 얘기를 하면 상대가 날 어떻게 생각할까?', '그냥 거짓말을 할까?' 하는 소란한 마음들과 싸워야 한다.

나는 이런 사람들과 상담할 때면 처음에는 힘든 이야기들을 듣는 데 대부분의 시간을 사용한다. 그동안 쌓인 이야기를 모두 털어놓고 나면 그들은 속이 후련해져 용기를 갖고 다른 이야기도 거침없이 말하게 된다.

마음의 소리 듣기

경기를 우세하게 이끌어가는 선수들은 "긴장되고 떨리는 순간에는 그냥 그 사실을 인정하는 것이 떨지 않는 가장 큰 비결"이라고 입을 모아 말한다.

"2만 5천 명이 넘는 관중이 지켜보는 최종 결승전인데 긴장되는 게 당연하죠. 어떻게 안 떨릴 수가 있겠어요? 그런데 얼핏 보니 골키퍼가 살짝 오른쪽으로 움직이는 것 같더라고요. 그 틈을 놓치지 않고 왼쪽 구석만 보고 슛을 날렸더니 그게 들어간 거예요."

국가대표 축구팀에서 맹활약을 펼치고 있는 스타 선수가 한 말이다. 이에 반해 '7년째 유망주'로 언급되며 2군에서 뛰고 있는 한 축구선수는 이렇게 말했다.

"2만 5천 명이 넘는 관중이 모인 최종 결승전에서 '떨지 말자, 떨지 말자' 하고 스스로에게 계속 주문을 걸었어요. 떨리지 않는 척하며 대범하게 행동했죠. 사실 공이 저한테 패스되기 전까지는 그렇게 두렵지 않았어요. 그런데 막상 공이 제 앞에 떨어지니 어떻게 슛을 해야 할지 모르겠더라고요."

'긴장되는 순간을 인정하고 받아들이느냐, 아니면 떨리지 않는 척 외면하느냐'에서 이렇게 큰 차이가 난다. 누구나 떨리는 순간에는 실수할 수 있다. 이처럼 결정적인 상황에서 효과적인 기술을 선보이는 데 실패하고 평정심을 잃는 것을 '초크choke'라고 한다. 운동선수들과 상담을 하다 보면 초크를 슬럼프와 혼동하는 경우가 많다.

흔히 사람들은 위기의 순간이나 아주 극적인 순간에 선수들이 최고 기량을 발휘해 골을 넣거나 안타를 쳐주길 바란다. 하지만 이때 골을 넣지 못하더라도 슬럼프가 아니라 초크일 뿐이다. 다시 말해 선수의 실력이 저조한 것이 아니라 상대 팀이 강력한 집중력을 발휘해 수비하고 골을 방해했기 때문에 골을 넣지 못한 것뿐이다.

그런데 이러한 순간에 골을 넣지 못한 것을 자신의 부족한 실력 탓으로 돌리며 부담감을 키우고 스스로를 슬럼프 상태로 몰고 가는 선수들이 있다. 그들은 초크와 슬럼프를 구분하지 못해 어이없게 슬럼프에 빠지게 되는 것이다.

수능시험 때 평소 실력보다 좋지 않은 점수를 받은 학생들 가운데 꽤 많은 학생이 "평소 학교에서 모의고사를 치르거나 학원에서 시험을 보는 정도로 떨릴 줄 알았는데, 막상 시험장에 들어가니 훨씬 더 떨렸다"고 말한다. 이들은 별로 안 떨릴 줄 알았는데 당황스러울 정도로 떨리니 '아 어떡해, 생각이 안 나네. 아는 것도 못 풀고 이번 시험 망쳤네' 하면서 자기 자신을 슬럼프로 몰고 간다. 앞의 선수들과 같은 과정을 거치는 것이다.

이럴 때는 '평소보다 더 불안하고 긴장될 수 있으니 아는 것만이라도 실수하지 말고 잘 풀자'라며 자기 앞에 놓인 상황을 있는 그대로 받아들이는 것이 좋다. 그래야 지나친 부담감을 덜 수 있고 아울러 더 좋은 결과를 얻을 수 있다.

슬럼프는 없었다, 당연한 결과일 뿐

슬럼프에 빠졌을 때 현명한 선수와 그렇지 못한 선수의 특징이 있다. 야구선수를 예로 들어보자.

현명한 선수는 경기 때 공이 잘 안 맞으면 경기가 끝나고 난 뒤 비디오 분석관을 불러 자신의 자세를 관찰하고 분석을 한다. 그러고 나서 코치에게 자신의 잘못된 자세를 묻고 고쳐야 할 부분을 바로잡으며 연습을 한다. 이들은 다른 연습도 해야 하지만 욕심을 내면 다음 날 경기를 할 때 체력에 문제가 생길 수 있다는 사실을 안다. 남들은 천재라고 하지만 자신의 나이가 벌써 서른일곱임을 수시로 자각한다. 가장 중요한 포인트 연습을 집중적으로 하는 것이 실전에 도움이 된다고 생각하며 스스로를 격려한다.

한편 현명하지 못한 선수는 경기가 끝나고도 새벽 두세 시까지 무조건 연습에 매달린다. 어느덧 서른일곱이 된 그는 시간 날 때마다 은퇴를 생각하며 불안해한다. 은퇴하기 전에 마지막 불꽃을 태우리라 다짐하고 밤낮을 가리지 않고 연습에 매달리지만 정작 경기 때는 체력이 뒷받침되지 못해 제 기량을 선보이지 못한다. 그런 날은 절망에 빠져 더 열심히 연습한다. 그리고 그다음 날은 더 힘이 빠지고, 이제 체력이 못 따라가 마지막 불꽃도 태우지 못하고 결국 은퇴하는 것인가 싶어 좌절만 늘어간다. 마치 모래밭 위에서 열심히 노를 젓다가 정작 바다 위에서는 힘이 떨어져 배를 앞으로 나가게 할 수 없는 상황과 같다.

사고의 비약에
빠진 사람들

우리나라 프로 스포츠 사상 가장 비참했던 연패의 기록을 꼽는다면 1998~1999년 시즌 대구 동양오리온스 농구팀이 세운 32연패다. 시즌 초반 서너 경기를 마칠 때까지만 해도 다른 팀과 비슷한 기량을 보였지만 2연패, 3연패를 하자 동양오리온스 선수들은 '연이어 졌다', '시즌 초반부터 글렀다'라는 부정적인 생각에 빠져들기 시작했다. 오늘 진 경기와 어제 진 경기의 원인과 이유가 다른데도 그들은 '졌다'라는 공통된 결과에만 집중한 것이다.

20연패가 넘어가고 언론에서 비난이 폭주하자 동양오리온스는 연패의 늪에서 빠져나오기 위해 고사를 지내고, 불공을 드리고, 선수들의 부인을 불러 식사를 하는 등 갖은 노력을 다했지만 결국 전무후무한 32연패까지 기록했다.

폰 도마루스 법칙

동양오리온스의 사례는 '폰 도마루스Von Domarus 법칙'을 잘 보여주고 있다. 도마루스는 정상인이 주어부를 중심으로 사고하는 데 비해 정신분열병 환자는 술어부만 같으면 주어부도 같은 것으로 단정한다고 주장했다. 이를테면 "성모마리아는 처녀다. 나는 처녀다. 그러므로 나는 성모 마리아다"라는 식의 논리 전개를 펼치는 것이다.[2]

이에 반해 정상인은 주어부를 중심으로 사고한다. 이를 '아리스토텔리안Aristotelian 법칙'이라 하는데, "미국에서 태어난 사람은 미국인이다. 존은 미국에서 태어났다. 그러므로 존은 미국인이다"라는 식의 논리 전개를 펼친다. 이렇게 주어와 술어가 제자리에 있으면 상식적인 사고가 되지만, 순서가 바뀌면 망상이 될 수 있다.

폰 도마루스 법칙은 종목을 가리지 않고 선수들과 스포츠 팀을 괴롭힌다. 슬럼프에 빠진 선수들이나 팀은 대부분 폰 도마루스 법칙에 사로잡혀 허우적거리는 경우가 많다.

"배트 중심에 제대로 맞았는데 아웃되었다. 공을 하나도 못 맞혀 삼진아웃을 당했다. 그러므로 나는 두 타석 모두 아웃되었다."

"어제도 졌다. 오늘도 졌다. 우리는 이틀 연속 졌다. 연패의 늪에 빠졌다."

이처럼 슬럼프에 빠진 선수들이나 팀은 경기 결과, 즉 술어부에만 집중한 채 성급한 결론을 내린다. 때문에 술어부에 집중하는 선수들이나 팀은 답보 상태에 빠지기 쉽다. 패인을 제대로 분석하지 않고 다음 경기에 임하기 때문이다.

성급한 결론은 과정을 은폐한다. 과정이 은폐되면 실패 요인을 제거하고 성공으로 가는 핵심 요인을 놓칠 수 있다. "이번 경기는 체력적으로 우리 팀이 불리할 수밖에 없었어"라고 패인을 선수들의 체력에 둔다면 다른 패인을 들여다볼 수 없다. 이미 내린 결론을 뒤집는 수고를 피하고 싶어 하기 때문이다. 그래서 상담 때마다 나는 선수들에게 성급한 결론을 내리지 말라고 요구한다.

주어와 과정을 중시하는 상황에서 거론되어야 할 또 하나의 중요한 법칙이 있다. 바로 '합리화 법칙'이다. 합리화란 자신이 한 행동이나 생각에 대해 적절한 논리적 근거를 마련하는 과정을 말한다. 이 합리화가 심각하게 비논리적으로 진행되면 정신분열 상태로 발전할 수 있다.

예를 들어 계속된 시합으로 연습보다는 휴식이 필요한 골프선수가 창밖에 내리는 비를 보며 "오늘은 비 때문에 연습을 못 하겠다"라고 말한다면, 이는 핑계를 대고 있는 것이다. 사실은 휴식이 필요하지만 그럴듯한 이유가 있어야 자신이 게으른 선수가 아님을 증명할 수 있기 때문이다. 이것이 바로 적절한 합리화다.

그런데 똑같은 상황에서 자신은 힘들어 연습하지 않으면서 다른 선수가 연습하면 불안한 나머지 골프장에 전화를 걸어, "지금 비가 오니 잔디를 보호하려면 연습장에 아무도 들여보내서는 안 된다"라고 말한다면, 이는 신경증적 상태라고 할 수 있다.

이와 같이 다소 신경증적 반응을 보이는 선수들이 종종 있다. 라커룸에서 잘 들리지도 않는 발자국 소리 때문에 후배들을 나무라는 예민한 선배 골퍼, 자신이 기분 나쁜 것을 애꿎은 후배들에게 화풀이하는 철없는 선배가 그들이다. 이러한 비논리적 접근과 반응은 다른 사람에게 인정받을 수 없으며 자신의 위신만 떨어뜨릴 뿐이다.

과정을 즐겨라, 단계적으로

연패를 기록한 팀이나 선수들이 슬럼프에서 벗어나기 위해서는 단계적 접근이 중요하다. 진화 단계를 거쳐 성과를 내듯, 실패에서 벗어날 때도 단계를 거쳐야 한다. 그런데 대다수 사람들은 이 사실을 제대로 이해하지 못하고 있다. 등산은 산에 오르는 과정과 함께 내려오는 과정까지 포함된다. 그것이 등산의 정체성이다. 경기 운용이나 업무에서 성과를 내는 과정도 마찬가지다.

슬럼프에 빠졌더라도 슬기롭게 극복하는 사람들이 있다. 이들은 대개 과정과 주어부를 소중히 여길 줄 아는 사람들이다. 슬럼프에 빠지거나 일이 잘 풀리지 않을 때는 하루아침에 상황이 나빠진 것처럼 생각되기 쉽지만 실제로는 그렇지 않다. 성이 무너질 때는 균열에서 시작되듯 실패의 문턱threshold을 넘은 후에야 실패라는 최종 결과가 나타난다.

따라서 슬럼프를 극복할 때도 단계적으로 해결해나가려는 자세가 필요하다. 이때 주어부를 중시하는 사람은 문제의 원인을 밝히는 일부터 차근차근 단계적으로 해결해나가지만 술어부를 중시하는 사람들은 그렇지 못하다.

슬럼프 극복뿐 아니라 삶에서도 단계적 접근은 매우 중요하다. 산에 오를 때 어떤 사람은 정상을 밟는 일에만 몰두한다. 반면 어떤 사람은 산에 오르는 과정을 즐긴다. 과연 누가 더 등산을 잘하는 사람일까? 당연히 과정을 즐기는 사람이다. 이런 사람은 과정 자체를 즐기는 데 목적이 있기 때문에 얼마나 빨리 정상에 올랐는지는 전혀 중요하지 않다.

과정을 즐기는 사람은 실패도 '건설적인 실패'로 받아들일 줄 안다. 선수들 중에도 과정을 중시하는 선수들은 삼진아웃을 당하더라도 자신이 무엇을 잘했고 어떤 실수를 저질렀는지, 어디까지가 자신의 실력인지를 구분하려 애쓴다.

"실력이 없어서", "재수가 없어서", "컨디션이 안 좋아서"라는 말을 함부로 하지 않는다. 그리고 다른 사람과의 대화를 통해 사실 관계를 명확하게 파악하려 한다. 이런 자세야말로 명불허전 선수와 보통 선수를 가르는 기준이 된다.

자기애와
자기비하 사이에서

심리학 박사 할 어반Hal Urban은 자신의 저서 《긍정적인 말의 힘 *Positive Words, Powerful Results*》에서 "말은 감정을 만들어낼 뿐 아니라 행동을 만들어낸다. 그리고 그 행동에서 삶의 결과가 나온다"라고 말한다.[3] 나는 어반의 의견을 전적으로 신뢰한다. 그래서 상담자들에게 혼잣말이라도 자신을 비하하는 말은 삼가라고 조언한다. 그런 말을 내뱉는 순간 진짜 그렇게 되는 경우를 자주 봤기 때문이다.

'준우승 전문가'라는 별명이 붙은 여성 골퍼가 어느 날 상담을 요청해왔다. 프로 골프선수 4년 차인 그녀는 실력과 인품을 겸비한 선수로 알려졌지만 번번이 우승의 문턱에서 좌절을 맛봐야 했다. 항상 마지막 라운드에서 어처구니없는 실수를 저질러 2등이나 3등으로 밀려났기 때문이다.

자만보다 더 위험한 자기비하

나를 찾아온 날도 우승을 놓친 날이었다. 첫날 외국 선수와 공동 선두를 달리던 그녀는 둘째 날 악천후로 4등으로 밀려났고, 마지막 날 1타를 줄이는 데 성공했지만 거기까지였다. 결국 준우승에 머무르게 된 그녀는 분을 삭이지 못했다.

일명 '2인자 징크스'가 생기는 이유는 결정적 순간에 수행 능력이 떨어지기 때문이다. 이런 실패가 반복되면 경기 때마다 실수할지 모른다는 불안감에 휩싸이면서 집중력이 더 떨어진다.

그녀는 프로 선수가 된 뒤 총 80경기를 치렀다. '톱 10'에 30여 차례나 들었지만 우승과는 인연이 없었다. 대회 때마다 드라이버 샷, 아이언샷, 퍼팅 등이 돌아가며 말썽을 일으켰기 때문이다. 경기 수행 능력에는 문제가 없었던 그녀는 지독하게 운이 없다고 생각할 수밖에 없었고 그래서 더 답답해했다.

골프를 시작하고 몇 년 지나지 않았을 때, 아직 어린 나이였던 그녀에게 많은 사람은 프로가 되면 무적의 선수가 될 것이라며 칭찬을 아끼지 않았다. 실제로 그녀는 매우 좋은 성적으로 비슷한 또래에서 비교적 일찍 프로 골퍼가 되었다.

그러나 그것이 문제였다. 어린 나이에 TV와 잡지에서 보던 선수들과 경기를 치러야 한다는 압박감이 그녀의 발목을 잡은 것이다. 경기 때마다 심한 압박감에 시달리던 그녀는 자신의 주특기인 드라이버샷도 제대로 발휘하지 못했고, 아이언샷의 확률도 떨어졌다. 아마추어 때도 하지 않던 실수가 잦았다. 이후 그녀는 동료 선수들 사이에서 "담력이 부족하다", "새가슴이다"라는 평가를 들어야 했고, 스스로도 그런 생각이 들기 시작했다. 일종의 자기비하에 빠진 것이다.

나를 담는 최초의 그릇

자기비하를 다른 말로 바꾸면 '자기개념self-concept 빈약'이다. 자기개념이란 자신을 지각하고 평가하는 것을 의미하는 심리학 용어다. 보통 자기개념은 외부 환경과의 상호작용을 통해 형성되는데, 어릴 때는 그 대상이 부모가 되지만 어른이 되면서 시시각각 대상이 바뀐다.

흔히 "사람은 환경이 중요하다"라고 말한다. 이는 자기개념을 형성하는 환경이 어떠한가에 따라 정체성이 결정되기 때문이다. 이러한 자기개념은 외부 환경보다 내면의 힘에 더 크게 좌우된다. 외부 환경과의 상호작용을 받아들이고 조절하는 주체가 자기 자신이기 때문이다.

따라서 자기개념에서 중심이 되는 것은 자기self다. 나를 담는 최초의 그릇이 자기인 것이다. 이 개념이 빈약하거나 자기비하로 채위지면 정체성을 규정하는 후속 정보마저 오염된다. 기름으로 뒤덮인 바다에 1급수 맑은 물을 붓는다고 가정해보라. 바다가 정화되기는커녕 오히려 오염된 바닷물의 부피만 늘어날 것이다. 자기개념도 같은 이치로 설명될 수 있다.

운동선수만 자기개념의 덫에 걸리는 것은 아니다. 경력직으로 통신회사에 들어간 민구 씨도 같은 이유로 나를 찾아왔다. 그는 지방대를 졸업한 뒤 서울의 벤처기업에서 경력을 쌓던 중 회사와 협력 관계에 있던 통신회사의 관계자 눈에 띄어 이직을 했다. 대기업으로 이직한 것이라 많은 이의 부러움을 샀지만 입사 2년 차인 그는 다시 이직을 고민 중이다.

함께 일하는 직원들의 스펙이 '못 나와도 서울대, 잘 나오면 하버드대'라는 사실이 그를 힘들게 했다. 자신도 나름대로 경쟁력을 갖고 있다고 자부하고 있었지만 직장생활이라는 게 그리 만만치가 않았다. 보고서 작성, 회의, 의사결정, 프로젝트 진행 등에서 이렇다 할 성과를 내지 못하자 그는 스스로 자기 자신에 대해 한계를 긋기 시작했다.

이렇듯 자신감을 잃자, 그는 충분히 좋은 기술을 개발하고 있었음에도 불구하고 프레젠테이션에서 경영진에게 자신의 성과를 제대로 보여주지 못했다. '나보다 잘난 사람이 얼마나 많은데',

자기비하를 일삼는 사람들은 자기 안의 말을 귀담아듣지 않고
남의 말에 확성기를 달아줌으로써 마음속 괴물을 키운다.

'내가 잘해봤자 인정이나 해주겠어?' 하는 패배감이 그를 위축시켰던 것이다.

빈약한 자기개념이 스스로를 위축시킨다

만년 2등만 하는 골프선수와 중요한 프레젠테이션에서 번번이 미끄러지는 직장인, 두 사람에게는 한 가지 공통점이 있다. 결정적 순간에 무릎을 꿇게 만든 괴물을 타인이 아닌 자기 스스로가 만들었다는 사실이다.

얼핏 보면 "저 선수는 새가슴이야", "저 친구는 PT만 하면 왜 저렇게 긴장해?" 하는 말들이 이들을 위축하게 만든 것처럼 보인다. 그러나 다른 사람의 입김에 힘을 실어준 건 자기 자신이다. 자기 안에서 나오는 말을 귀담아듣지 않고 남의 말에 확성기를 달아줌으로써 마음속 괴물을 키운 것이다.

자기비하를 일삼는 사람들의 특징 가운데 하나는 상대의 말을 전적으로 받아들인다는 것이다. 상대의 말이 타당한지를 따져보지도 않고 무조건적으로 수용함으로써 자기 자신을 압박하고 결국 나쁜 결과까지 초래하도록 만든다.

만약 객관적 실력이나 연습량이 부족해 결과가 좋지 못한 것이라면 그 부분을 채우는 노력을 하면 된다. 하지만 심리적 능력이 부족해 실패를 반복하는 경우라면 먼저 심리적 압박감under pressure

이 되는 요인을 찾아 그 해결책을 모색해야 한다.

"내가 그럴 줄 알았어."

"난 여기까지야."

"이것도 어디야."

스스로를 작게 만드는 이런 말은 쉽게 해서는 안 된다. 누구도 스스로에게 이런 말을 함부로 던질 만큼 하찮은 존재가 아니다.

우리가
두려워하는 것들

타고난 자질과 성실성을 갖춘 야구선수 동진 씨. 그의 성공을 의심하는 사람은 아무도 없었다. 그런데 동진 씨는 경기장에만 나가면 자신감이 방전된다. 상대 팀에 질 것 같다는 부정적인 생각에 함몰되는 것이 문제였다. 주변 사람들은 그에게 "자신감을 가져라", "긍정적인 생각을 해라", "아무 생각하지 말고 타석에 들어서라" 등등 수많은 격려와 충고를 해줬다.

동진 씨에게는 정신과 의사인 나 역시 그런 충고를 해주는 사람으로 보였을 것이다. 그러나 나는 격려와 충고보다는 동진 씨에게 자신의 감정과 생각을 분리할 것을 주문했다. 운동할 때 엘리트 선수들이 가장 잘하는 것 가운데 하나가 자기 생각에 감정을 붙였다 떼었다 하는 것이다.

이전 타석에서 삼진을 당했을 때 자책하며 괴로워하는 선수들은 팬들의 비난을 감당해야 한다는 걱정과 연봉 협상에 미칠 영향 등 꼬리에 꼬리를 무는 생각을 다음 타석으로까지 끌고 간다. 그러나 엘리트 선수들은 냉정하게 그런 감정과 생각을 떼어놓을 줄 안다.

나는 동진 씨에게 그라운드까지 '감정의 오물'을 계속 끌고 가지 말라고 조언했다. 대신 나와의 면담 시간에 힘들었던 감정들을 모두 털어놓으라고 했다. 삼진을 당했을 때의 당혹스러움과 이후의 걱정과 두려움을 모두 털어놓게 함으로써 감정과 생각을 조금씩 분리하는 연습을 하도록 했다.

두려움은 감정이 키운 괴물

의학적으로 두려움을 '공포'라고 표현한다. 감정을 분리시키는 것은 사실 굉장히 힘든 일이다. 일반인들도 감정 조절이 쉽지 않은데 팽팽한 긴장감 속에서 승부를 겨뤄야 하는 선수들은 오죽하겠는가. 오로지 성적으로만 평가를 받기 때문에 경기 때마다 이런저런 생각이 많을 수밖에 없다.

대부분의 두려움은 특정 대상이나 상황에 직면했을 때 괴물처럼 나타난다. 그런데 두려움은 일어난 사건의 크기와 상관없이 공포심을 키운다는 특징이 있다. 두려움은 사람을 작게 만든다. 당연히 자신감을 갖는 데 방해가 된다.

자신감을 가지려면 두려움의 실체를 분석해야 한다. 실상을 알고 보면 두려움은 사기꾼과 같은 존재다. 이를테면 선수들이 경기할 때마다 갖는 두려움은 우리가 생각하는 것보다 훨씬 왜곡되어 있다. 충분히 난관을 극복할 수 있음에도 스스로 그것을 방해하는 괴물을 만들어 머릿속에 앉혀놓는 경우가 많다.

자신을 괴롭히는 두려움이나 공포심이 실재하는 것인지 아니면 왜곡이 만들어낸 괴물인지를 구분할 수 있어야 공포에서 벗어날 수 있다. 미국의 전 대통령 프랭클린 루스벨트도 "우리가 두려워할 것은 두려움 그 자체"라고 했다. 즉 두려움은 공포심을 느끼게 만든 사실이 아니라 감정의 집착이 키운 것이다. 두려움은 감정이 키운 괴물이다. 집채만 한 공포도 알고 보면 별것 아닐 수 있기 때문이다.

자기신뢰 키우기

두려움이 밀려오는데도 '나는 두렵지 않아' 하면서 회피하는 사람들이 종종 있다. 이와 같은 자기감정의 회피는 무의식 속에 들어 있다가 어느 날 갑자기 더 큰 두려움으로 나타난다. 선수들의 경우, 안타를 쳐야겠다고 마음먹은 순간에 두려움이 나타날 수도 있고, 실수를 하지 말아야겠다고 다짐하는 순간에 나타날 수도 있다.

나는 두려움에 시달리는 사람들에게 그 감정과 당당하게 대결해보라고 말한다. 안타를 쳐야 하는 순간 두려움이 출몰하면 그 감정을 충분히 받아들이고 공을 던질 때 두려움도 함께 던져보라고 한다.

그 장면을 상상해보라. 투수인 내 앞에 홈런 40개를 치는 타자가 서 있다고 가정해보자. 두려운가? 내 직구는 최고 구속 137킬로미터에 불과하다. 한가운데로 던지면 상대가 홈런을 칠 것 같은 두려움이 밀려온다. 잠깐, 이건 두려움이 아니다. 현실에 대한 냉철한 분석이다.

자신의 느린 공으로는 던질 곳이 없는가? 그렇게 생각한다면 당신은 두려움 앞에서 도망치고 싶은 사람이다. 그러나 '바깥쪽 공 세 개를 던지고, 마지막 승부구는 몸 쪽으로 커브볼을 던져 승부를 가리겠다'라고 생각한다면 당신은 두려움을 향한 정면 대결을 시작한 사람이다.

진료실에서 많은 사람과 마주하면서 나는 두려움이라는 괴물을 몰아내기 위해서는 자기신뢰가 있어야 한다는 사실을 깨달았다. 실제로 그라운드에서 경기를 펼치는 선수들에게는 자기신뢰가 경기 능력에 상당한 영향을 끼친다.

그렇다면 자기신뢰는 어떻게 생기는 것일까. 스포츠에서의 자기신뢰는 두 가지로 나뉜다. 하나는 긍정적 결과가 나올 거라는 무조건적 믿음이다. 다른 하나는 자신이 원하는 대로 몸이 움직이게끔 하겠다는 각오다. 축구선수가 '나는 이번 경기에서 골을 넣을 것이다'라는 생각이 전자의 자기신뢰이고, '공을 왼쪽으로 강하게 차야지'라는 생각이 후자의 자기신뢰다.

대부분의 선수들은 전자의 경우를 원한다. 공을 차는 과정이 어떻든 골만 넣으면 되기 때문이다. 하지만 전자의 확률은 희박하다. 한 경기에서 10~20회의 슈팅을 해도 겨우 한 골 정도 들어간다. 확률이 떨어지는 쪽으로 자기신뢰를 갖는 것은 공수표를 날리는 일과 같다.

반면에 후자의 자기신뢰는 확률이 높다. '공을 왼쪽으로 차야지'라고 생각하면 실제로 왼쪽으로 공을 찰 확률이 높아진다. 한번에 골을 성공시킬 확률은 떨어지지만, 골을 넣을 수 있는 기술을 구체적으로 쓰고 있기 때문에 전자의 경우보다 확률이 높다. 그래서 나는 선수들에게 후자의 자기신뢰를 가지라고 조언한다. 실현 확률이 높은 쪽을 선택하면 자기신뢰는 저절로 쌓이게 된다.

찬스와 위기에 대응하는 연습

스타 선수는 연습할 때 찬스와 위기를 미리 생각해본다. 실제로 일어날 수 있는 장면을 상상하며 상황에 맞는 대비를 해두기 위함이다. 이런 연습을 하면 집중도가 높아질 뿐만 아니라 불필요한 훈련을 하느라 시간을 낭비하지 않게 된다. 실전을 방불케 하는 연습은 실전에서 성공 확률을 높여준다. 이처럼 위기 대응 훈련으로 실전에서 성공을 경험한 선수는 경기에 대한 자신감이 커지고 자신이 가진 기술을 능란하게 발휘할 수 있게 된다.

반면에 슬럼프에 빠지는 선수는 자신에게 찬스와 위기가 찾아올 확률이 적다고 생각한 나머지 일반적인 훈련에만 몰두한다. 설령 찬스나 위기가 오더라도 자신은 다른 선수로 교체될 거라고 생각한다. 놀라운 것은 이런 생각을 하는 선수들에게는 실제로 찬스와 기회가 적게 주어진다는 사실이다. 감독과 코치의 눈에도 이들은 의욕이 없어 보이기에 찬스나 위기 상황에서 다른 선수로 교체되는 것이다.

어떤 날은 중요한 순간인데도 교체할 선수가 없어 이런 선수를 계속 출전시키는 경우도 있다. 그러면 예외 없이 기회를 살리지 못하고 경기가 허무하게 끝나버린다. 감독이 다음 경기에서 이 선수를 어떻게 활용할지는 굳이 설명하지 않아도 알 것이다.

자신의 앞날에 대해 상상하는 내용은 사람마다 다를 수 있다. 예를 들면 한 선수는 자신의 능력을 믿고 어떠한 상황이 주어지든 성공적인 결과를 만들기 위해 대비한다. 다른 선수는 능력의 한계를 미리 설정하고 찬스나 위기 상황에 대비하지 않는다. 두 선수 모두 피나는 연습을 하지만 결과는 다를 수밖에 없다.

특정한 상황에서 불안감을 느끼는 것은 그 상황에 대처할 방안이 미숙하기 때문이다. 이럴 때는 누구나 예민해질 수밖에 없다. 자신의 무기가 전쟁에서 이길 만큼 완벽하지 못하다는 걸 누구보다 잘 알고 있기 때문이다. 완벽한 준비를 했을 때 우리는 심리적 안정감을 얻을 수 있다.

나는 불안감을 호소하는 사람들에게 무턱대고 자신감을 가지라고 충고하지 않는다. 대신 위기 상황에 대비해야 할 것들을 짚어보며 함께 대화를 나눈다. 자신이 무엇을 준비해야 하는지 아는 것만으로도 두려움을 물리칠 수 있다. 그것이 두려움 극복을 위해 가장 먼저 갖춰야 할 무기다.

다시 경험하고
싶지 않은 기억

"심장이 뛸 때마다 가슴이 터질 것 같아요."

"점점 숨 쉬기가 힘들어 그대로 숨이 멈춰버릴 것만 같아요."

"말로 설명하기 어렵지만 제 안에서 아주 좋지 않은 기운이 느껴지면서 뭔가 크게 잘못될 거라는 공포에 휩싸이게 돼요."

곧 죽을 것 같은 표정을 하고 진료실을 찾아와 도움을 청하는 환자들이 있다. 바로 '공황장애'를 겪는 사람들이다. 한번 공황장애를 경험한 사람은 또다시 같은 증상을 경험하게 될까 봐 무척 두려워한다.

정신의학에서는 이를 '예기불안anticipatory anxiety'이라 한다. 이런 감정 상태에 빠진 사람들은 아주 미세한 심장박동이나 두근거림에 의해, 심지어는 아무런 자극도 없는 상황에서 자신에게 닥칠 최악의 상황을 상상하며 불안 속으로 떠밀려간다.

예기불안은 흔히 '정신적 외상'이라 불리는 트라우마trauma와 구별된다. 트라우마는 폭력, 교통사고, 추락, 지진 등 비교적 큰 사고를 당했을 때 생겨난다. 하지만 누구도 짐작할 수 없을 정도의 공포와 두려움을 느낀다는 점에서 예기불안과 트라우마는 공통된다.

예기불안은 공황발작이나 큰 사고를 겪은 이후 다시 발작이나 사고가 일어나지 않아도 비논리적 생각이 처음 증상이 발현했을 때와 비슷한 강도의 불안을 경험하게 만든다. 좋지 않은 경험을 한 뒤 아주 작은 징후나 단서에 의해 다시는 생각하고 싶지 않은 두려운 상황에 똑같이 직면하게 되는 심리 상태다. 마치 '생각의 오류'라는 극심한 공포를 향해 질주하는 전차에 올라타 있는 것과 같다. 이 전차는 아주 작은 계기가 작동되면 순식간에 최악의 결과에 이르게 하는 초고속 전차다.

언제부터인가 한국 사회도 생각의 오류라는 전차에 올라탄 사람들이 많아졌다. 작은 차이로 성과를 놓쳤거나, 한순간의 실수로 주식투자에 실패했거나, 더 이상 회사에서 진급할 수 없게 되거나, 경제적으로 회생할 수 없게 된 사람들은 극단적인 생각을 하기 쉽다. 그리고 이런 상태가 심해지면 폭력과 과음, 자살 시도까지 하게 된다.

끔찍한 일을 또 겪게 될까 봐…

지나친 음주와 폭력적 행동, 폭식 등의 증상을 갖고 있는 한 선수가 상담을 신청한 적이 있다. 올림픽에서 동메달을 딴 이 선수는 비슷한 또래의 금메달리스트들과 비교되며 차별을 받자 한동안 폭음과 폭식을 일삼으며 방황했다. 비인기 종목 선수인 그는 경제적으로도 힘든 상황이었다. 이제 운동을 조금 알 만한 나이인데 지원의 한계 때문에 조만간 운동을 그만둬야 하는 현실이 이 선수를 파탄으로 몰고 갔다. 이제는 대회에 나가도 자신감조차 없어 보였다.

올림픽 출전 선수들은 크게 세 부류로 나뉜다. 기대한 금메달을 딴 선수, 금메달을 기대했는데 못 딴 선수, 전혀 기대하지 않았는데 금메달을 딴 선수가 그들이다. 나머지 선수들은 말 그대로 참가하는 데 의미를 둘 뿐이다. 사람들은 좋은 결과를 낸 선수에게만 스포트라이트를 비춘다. 이러한 분위기에서 선수들은 과정보다 결과를 중시하는 위험에 빠지기 쉽다. 아무리 강인한 정신력을 지닌 국가대표 선수라 해도 금메달을 못 따면 모든 것이 끝이라는 극단적 생각이 부담감으로 작용하는 것이다.

이런 부담감이 패배를 감내할 수 있는 '완충작용'을 넘어서면 예기불안이 나타나 집중력과 수행 능력을 떨어뜨린다. 이런 예기불안은 선수 혼자서 이겨내기 어렵다. 특히 큰 경기가 끝나면 선

예기불안은 좋지 않은 경험을 한 뒤
아주 작은 징후나 단서에 의해 다시는 생각하고 싶지 않은
두려운 상황에 똑같이 직면하게 되는 심리 상태다.

수들은 장기간 슬럼프를 겪거나 열정의 진공 상태를 경험한다.

불공정한 판정이나 작은 차이로 아쉽게 메달을 놓친 선수들은 예기불안이 더욱 커진다. 안타까움과 억울함이 마음속 깊이 각인되어 조금이라도 비슷한 환경이 조성되면 그때의 상황이 머릿속에서 재현되기 때문이다.

자기학대를 하는 사람들

이렇게 '자신이 해낼 수 없는 이유'를 찾는 데 골몰하게 되면 자신을 학대하게 된다. 보통 '학대'라고 하면 물리적·정서적 폭력으로 한정하기 쉽지만, 자신이 충분히 사랑받을 수 있고 행복할 수 있는 존재임에도 스스로 그 기회를 포기하는 것 또한 학대에 해당한다.

자기학대를 하는 사람들은 자존감이나 만족감을 느낄 기회가 찾아와도 다른 사람에게 그 기회를 양보한다. 그런 선택이 당장 관심을 받고 부담감을 갖는 것보다 더 안정적이라고 생각하기 때문이다.

상담을 하다 보면 자기 자신에 대한 믿음을 자만이나 공상이라 생각하는 선수들을 자주 접하게 된다. 왜 그렇게 생각하느냐고 물으면 "너무 큰 꿈이나 큰 믿음을 갖고 있다가 나중에 실망하게 될까 봐 두려워서"라고 이유를 댄다. 그때 가서 실망하기보다는 처음부터 아예 기준을 낮춰 실행 가능한 것만 생각하고 거기에 만족한다는 것이다.

"저는 용의 꼬리도 싫고요, 뱀의 머리도 되고 싶지 않아요. 세상에는 뱀의 몸통이나 꼬리도 필요하지 않겠어요? 전 그렇게 살고 싶어요."

자신의 임계점을 '뱀의 꼬리'에 둔 선수가 이렇게 말했다. 내게는 이 말이 성장 자체를 포기하겠다는 의미로 들렸다. 실제로 이 선수처럼 "나는 아직 2군에 있으니까" 혹은 "나는 아직 신인이니까" 하면서 현실에 안주하는 선수들이 의외로 많다. 충분한 자질을 갖추고 있음에도 불구하고 자신을 낮추고 주어진 기회를 다른 선수에게 양보하는 선수도 있다. 이들은 당장의 심리적 안정을 위해 스스로를 평가절하하고 있는 것이다.

20 대 1이든 4 대 1이든 똑같이 긴장된다면?

"떨지만 않았다면 수능 점수를 몇 십 점은 더 받았을 텐데", "긴장하지 않았다면 면접시험에서 떨어지지 않았을 텐데" 하면서 안타까워하는 사람들이 많다.

불안은 누구에게나 있는 감정이다. 불안을 조절하기 위한 첫 단계는 '받아들임'이다. 스스로 불안해한다는 사실을 받아들여야 자신이 처한 상황을 정확하게 판단할 수 있다. 20 대 1의 경쟁률을 보이는 면접에서 긴장되지 않는다면 그 사람이 오히려 이상한 것이다. 경쟁률이 4 대 1인 면접을 볼 때보다 5배는 더 부담될 것이다.

그런데 경쟁률이 20 대 1이든 혹은 4 대 1이든 똑같은 수준으로 긴장된다면 그것은 문제가 있다. 이런 사람은 그 회사에는 어울리지 않은 사람일 가능성이 높다. 운 좋게 면접에 통과해 입사하더라도 회사 생활이 부담스러울 것이다. 이런 사람은 입사 경쟁률이 더 낮은 회사에서 자신의 실력을 키우는 것이 더 현실적인 선택일 수 있다.

20 대 1의 경쟁률을 보이는 회사에서 꼭 일해보고 싶다면, 시험에서 떨어질지도 모른다거나 혹은 자신이 그 회사에 어울리지 않는다는 생각은 금물이다. 입사시험에서 붙느냐 떨어지느냐의 당락에 대한 고민보다는 자신의 능력을 짧은 면접 시간 동안 얼마나 보여줄 것인가에 초점을 맞추고 최대한 집중하는 데 힘을 쏟아야 한다.

자신감이
하늘을 찌른다고?

사람들의 뜨거운 관심을 받으며 팀을 이적한 야구선수가 있었다. 그런데 그는 팀을 옮긴 이후 예전의 기량을 보여주지 못했다. 어떤 위기 상황에서도 흔들리지 않고 공을 잘 던지던 투수였는데 새로운 팀에서는 긴장하는 모습이 역력했다. 사람들은 그가 달라진 환경에 적응하지 못한 것을 주된 이유로 꼽았다.

이 선수와 상담을 시작한 것은 그 무렵이었다. 예상대로 그는 현재의 평가보다는 미래의 평가에 관심이 쏠려 있었다. 새로운 팀에서 뭔가를 보여줘야 한다는 부담감 때문에 그는 현실 인식을 제대로 못하고 있었다. 새로운 팀은 6개월 뒤, 1년 뒤보다는 지금 당장 그의 실력이 발휘되길 원했다. 하지만 그는 지금까지

해오던 대로만 실력을 보여주면 되는 일을 지나치게 복잡하게 생각하고 있었다.

자신에 대한 미래의 평가에 집착하는 것은 다른 선수들도 마찬가지다. 많은 선수가 지금보다 훨씬 더 나은 미래의 모습을 스스로에게 요구한다. 문제는 그런 집착으로 인해 현재의 모습을 무의식적으로 부정하게 된다는 것이다. 그렇기 때문에 잘하고 있는 지금의 자기 자신을 받아들이고 그 상태를 안정적으로 유지하겠다는 자세가 필요하다. 이것을 우리는 '자신감'이라 부른다.

자신감이 자만심이 되는 순간

어떤 사람들은 자신감을 자만심과 혼동하기도 한다. 그러나 자신감과 자만심은 분명한 차이를 보인다.

타고난 타격 실력을 지닌 타자가 있었다. 그의 눈에는 공이 수박만 하게 보였고 방망이를 휘두르기만 하면 십중팔구 안타가 나왔다. 그런데 다른 팀에서도 탐낼 정도로 엄청난 타격을 자랑하던 그가 언제부터인가 팬들의 기억 속에서 사라져버렸다. 그에게 무슨 일이 있었던 걸까?

평소 타격 코치를 비롯한 코칭스태프는 그에게 웨이트트레이닝을 권했다. 여름에 체력이 떨어지면 배트 스피드가 느려질 것을 우려해서였다. 하지만 코칭스태프의 권유에도 불구하고 그는 웨이트트레이닝을 소홀히 했다. 경기가 없는 날은 쉬고 싶은 마음에 갖은 불평과 불만을 늘어놓으며 요리조리 빠져나갔다.

그러다 한여름 무더위가 극성을 부리자 그는 체력이 급격히 떨어지면서 타율도 떨어지기 시작했다. 설상가상으로 시즌 종료를 앞두고 부상까지 입고 말았다. 자만에 빠져 있던 그는 그 후로 경기장에서 볼 수 없었다.

자신감 있는 사람은 자만심에 빠질 확률이 적다. 사람들은 스스로 잘났다고 생각하는 것을 자신감이라고 여기는 경향이 있는데, 자신감은 말 그대로 자기를 믿는 마음이다. 즉 자신의 장점은 물론 단점까지 기꺼이 받아들이는 마음이다. 지금 자신의 실력은 어느 정도인데 이러한 능력이 언제까지 지속될 것인지, 체력이 약한 부분을 어떻게 보충할 것인지 등을 정확히 파악하고 미래를 대비하는 것이야말로 진정한 자신감이다. 미래에 대한 지나친 집착으로 현재에 만족하지 못한다면 제 실력을 발휘하기 힘들 것이다. 건강한 자신감을 가지려면 현실 인식과 더불어 미래 대비의 수위 조절이 필요하다.

건강한 자신감은 어디서 나오는가

현실 인식은 '지금, 여기'의 문제를 들여다보고 받아들이는 태도에서 시작된다. 나는 현실 인식을 정체성 확립의 핵심이라 믿고 있다. 그래서 선수들과 면담할 때도 현재의 문제를 중요시한다. '과거의 무엇이 지금의 나를 이렇게 만들었다'라는 이야기보다는 '현재 내가 아프다' 혹은 '지금 내가 기쁘다'를 심리 치료의 출발점으로 삼는다.

현실감이 있어야 자아정체성을 확고히 할 수 있다. 이에 대해 에릭슨은 중요한 단서를 남겼다. 그의 주장에 의하면, 대부분의 사람들은 자신에 대해 '나는 이러이러한 사람이었으면 좋겠다'라는 이상적 자아상을 갖고 있다. 그런데 보통 이상적 자아상은 실재하는 자아상과 괴리가 있기 마련이다. 실재하는 자아상과 이상적 자아상의 괴리가 클수록 우리는 혼란을 겪게 되는데, 에릭슨은 이를 '정체성 혼미identity crisis'라고 정의했다.[4]

우리는 청소년기에 정체성 혼미를 경험하면서 자신의 한계와 실제의 능력을 인지해나감으로써 안정적인 정체성을 찾아간다. 하지만 요즘은 청소년기의 이상적 자아상이 그대로 자리한 채 성장하는 사람들이 많다. 이상적 자아상은 과잉된 자의식으로 발전할 뿐만 아니라 자신의 현실과 한계를 인정하지 않게끔 만든다.

이렇게 되면 자신의 현재의 상황과 위치에 맞게 미래를 준비하기 어렵다. '난 이렇게 대단한 사람이어야 하는데, 왜 세상은 나를 대접해주지 않는 거지?', '저 스타플레이어 자리여야 하는데 왜 다른 사람이 앉아 있지?' 하고 괴로워하며 시간을 허비하게 된다.

비록 벤치 신세라도 B급 팀으로는 이적하지 못하겠다고 버티는 선수들이 간혹 있다. 이들에게는 A급 팀의 유니폼이 이상적 자아상으로 자리 잡고 있기 때문에 절대로 포기할 수 없는 것이다. 당연히 이런 선수들은 매사 불안할 수밖에 없다.

올바른 정체성을 갖기 힘든 이유 가운데 하나가 이상적 자아를 포기해야 하는 힘든 선택이 동반되기 때문이다. 하지만 이런 과정을 이상적 자아를 포기하는 일이 아니라 '획득의 과정'으로 받아들여야 한다. 당장은 자존심이 상하더라도 경기를 많이 뛸 수 있는 팀으로 옮겨 기량을 쌓은 다음, 다시 A급 팀으로 돌아오는 게 결과적으로는 더 좋은 성과를 올릴 수 있는 길이다.

타인의 시선이
마음 안에 쌓일 때

자신이 주변 사람들에게 어떤 평가를 받고 있는지 무척 신경 쓰일 때가 있다. 이는 잘하고 있을 때보다는 못하고 있을 때, 실력이 이전만 못할 때 더욱 그렇다. 운동선수들은 경기에서 실수를 하거나 성적이 저조할 때 미디어의 평가에 예민해진다. 보고 싶지 않은 기사를 남몰래 찾아봤다가 마음을 다치는 경우도 종종 있다. 관중의 노골적인 욕설이나 팬들의 따가운 시선을 한 몸에 받을 때면 마치 자신이 대역 죄인처럼 느껴지기도 한다.

그렇게 상처를 받으면 '이게 바로 나의 실체구나. 내가 이 정도밖에 안 되는 사람이었어' 하고 좌절하기 쉽다. 이런 부정적인 감정이 오래가면 좋을 리 없으므로 재빨리 빠져나와야 한다.

나는 자신에 대해 부정적 감정이 많은 선수에게 친한 동료나 감독과 대화를 나눠보라고 조언한다. 그들은 굳이 상황을 설명하지 않아도 그가 왜 힘들어하는지, 무슨 일 때문에 속상해하는지 잘 안다. 가족이나 친구와는 나누지 못하는 일에 대한 이야기도 숨김없이 터놓을 수 있다. 그렇게 마음을 털어놓고 나면 그 자체로 위로가 되면서 감정 정리가 된다.

자신에 대한 부정적 감정이 심하다면 다른 사람의 평가를 지나치게 예민하게 받아들이는 것은 아닌지 생각해볼 필요가 있다. 어떤 사람들은 자신이 저지른 잘못이나 실수에 대해 지나칠 정도로 과민하게 반응한다.

증권사에서 애널리스트로 일하던 한 친구는 한때 베스트 애널리스트로 뽑힐 만큼 좋은 실적을 거두며 승승장구했지만, 주가 하락기에 무리하게 투자 리포트를 작성했다가 투자가에게 큰 손실을 입혔다. 한 번의 실패가 치명타가 되었고 그는 1년 가까이 주변 사람들과의 대화도 피하며 은둔생활을 했다. 하지만 이런 폐쇄적인 태도로는 아무것도 해결할 수 없다. 위축될수록 상황은 점점 악화될 뿐이다.

객관적인 자기점검

운동선수들은 동경 혹은 경쟁의 대상으로 끊임없이 관찰되면

| 표 1 | **메이저리그 선수들의 자기 평가표**

상황	신경 쓰지 않는다 ◀━━▶ 많이 신경 쓴다						
주심이 판정을 내릴 때	1	2	3	4	●	6	7
코칭스태프가 부당하게 대우할 때	1	2	●	4	5	6	7
교체 선수로 뛸 때	1	2	3	4	5	●	7
부상에서 회복할 때	1	2	3	4	●	6	7
계속 질 때	1	2	3	4	●	6	7
팀 동료가 실수했을 때	1	●	3	4	5	6	7
많은 관중이 지켜볼 때	1	2	●	4	5	6	7
경고 카드를 받았을 때	1	2	3	●	5	6	7
경기에서 교체될 때	1	2	3	4	5	●	7
득점했을 때	1	●	3	4	5	6	7
실점했을 때	1	2	3	4	5	●	7
큰 게임에 나갈 때	1	2	●	4	5	6	7
체력적으로 지쳤을 때	1	2	3	4	●	6	7

서 많은 사람의 입에 오르내린다. 누군가에게 관심의 대상이 된
다는 것은 불편하고 긴장되는 일이다. 선수들의 경우, 평가에 집
착하다 본연의 모습을 잃기도 한다. 그럴 때는 스스로 자기 자신
에 대해 평가를 내려보는 것이 좋다. 한걸음 떨어져 자기 자신을
객관적으로 들여다볼 필요가 있다.

몇몇 메이저리그 선수들은 스포츠 심리 치료사의 도움을 받아

자신을 평가하는 시간을 갖곤 한다. 유명 선수들은 〔표 1〕과 같은 자기 평가 항목에 답하면서 자신을 객관적으로 평가해본다. 좋은 경기를 펼치고 자신을 긍정적으로 바라볼수록 총점이 낮고, 슬럼프에 빠져 있거나 마음의 여유가 없는 상황에서는 총점이 높게 나온다. 이렇게 직접 확인하면서 자기 자신을 점검하면 어떤 항목에서 실력을 보완해야 하는지 구체적으로 알 수 있다.

일반인들도 아래의 〔표 2〕와 같이 자기 평가 항목을 만들어 스스로를 평가해보는 것이 좋다.

| 표 2 | 직장인의 자기 평가표

상황	신경 쓰지 않는다 ◀──▶ 많이 신경 쓴다						
직장 상사에게 평가받을 때	1	2	3	4	5	●	7
직장 상사가 부당하게 대우할 때	1	2	●	4	5	6	7
계속 일이 안 풀릴 때	1	2	3	4	5	●	7
실수했을 때	1	2	3	4	●	6	7
부서원이 실수했을 때	1	2	3	●	5	6	7
직장에서 경고를 받았을 때	1	2	●	4	5	6	7
비난받을 때	1	●	3	4	5	6	7
칭찬받을 때	1	2	3	●	5	6	7
중요한 프레젠테이션 때	1	2	3	4	●	6	7
일이 많을 때	1	2	3	4	●	6	7
다른 동료와 비교될 때	1	2	3	4	5	●	7

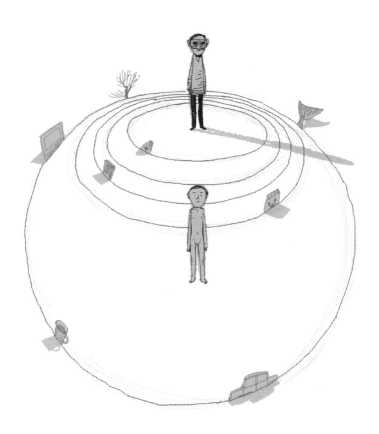

있는 그대로의 자기 모습을 본다는 것은 시간과 고통이 수반되는 일이다.
하지만 자신을 제대로 볼 수 있어야 정체성이 흔들리지 않는다.

있는 그대로의 자기 모습 보기

우리는 '완벽 아니면 무능', '주인공 아니면 들러리'처럼 양극단의 평가에 익숙하다. 완벽한 아버지 vs. 형편없는 아버지, 완벽한 학생 vs. 형편없는 학생, 완벽한 부장 vs. 형편없는 부장. 이런 극단적인 평가가 우리를 숨 막히게 한다. 세상에는 토끼와 거북이만 존재하는 것이 아닌데 사람들은 자꾸만 이분법적 잣대를 들이댄다.

상담을 하다 보면 대다수 사람들이 자기 자신을 평가하는 항목을 한두 개쯤 가지고 있다는 걸 알게 된다. 이때 이 평가 항목을 만족시키지 못하는 사람은 자기비하로 스트레스 질환이나 우울증에 시달리곤 한다. 그런데 이 평가 항목이라는 것이 명확하지 않고 모호한 경우가 많다.

어느 정도 상담이 진행되면 내담자는 자기 자신에게 솔직해진다. 그만큼 마음의 여유가 생겨난 것이다. 그 틈을 놓치지 않고 나는 내담자에게 자신이 갈망하는 토끼와 원하지 않는 거북이 사이를 오가면서 자신의 진짜 모습을 발견하도록 도와준다.

있는 그대로의 자기 모습을 본다는 것은 시간과 고통이 수반되는 일이다. 하지만 자신을 제대로 볼 수 있어야 정체성이 흔들리지 않는다. 비난이 목적인 참견에는 대범하게 대처하고 이유 있는 충고에는 귀를 기울여야 한다.

누군가의 비판에 대해 지나치게 예민해지는 사람이 있는가 하면 자신이 틀렸다는 사실을 인정하는 게 두려워 다른 사람의 진심 어린 충고를 귓등으로 흘려보내는 사람이 있다. 다른 사람의 평가에 과하게 스트레스를 받는 사람이나 남의 이야기를 전혀 듣지 않는 고집불통은 결국 똑같은 사람이다. 정체성을 찾으려면 이런 태도에서 벗어나 자신의 본모습을 바라보고 솔직해져야 한다.

스포츠신문을 보면 '김○○ 4억 계약, 7년 차 최고 연봉', '박○○, 연봉 5천만 원 삭감'과 같은 헤드라인을 자주 접하게 된다. 야구선수들의 몸값에 관한 기사는 스토브리그stove league 때 자주 나온다. 스토브리그란 프로야구에서 겨울철에 각 구단이 팀의 전력 강화를 위해 선수들과 연봉 협상을 벌이거나 혹은 스카우트 시장에 뛰어드는 시기를 말한다.

각 구단으로부터 지명을 받는 신인 선수들은 스토브리그를 통해 무서울 정도로 냉정하게 평가받는다. 이들은 지명 순위와 계약금 순위로 몸값이 매겨져 선수들끼리 희비가 엇갈리곤 한다. 몇 년간의 선수 생활을 종합해 평가를 받는 자유 계약 때는 이런 현상이 더 심하다.

대부분의 직장인들은 회사와 연봉 협상을 벌일 때 적극적으로 나서지 못한다. 우리가 누군가와 협상을 벌일 때 이견을 제시하지 못하는 이유는 상대의 의견에 100퍼센트 공감하기 때문이 아니다. 내 쪽에서 반박할 만한 분명한 자료가 없기 때문이다.

스타급 선수들은 구단과의 협상에서 절대 손해를 보지 않는다. 이는 평소 자신의 경기에 대한 피드백을 챙기는 일에도 최선을 다하기 때문이다. 이들은 성적이 좋을 때든 나쁠 때든 자신을 돌아보고 연구하고 미래를 설계해나간다. 경기를 잘하는 일 못지않게 기록을 관리하는 일에도 열심이다. 야구선수는 타율, 출루율, 도루, 장타율 등 개인의 능력을 수치로 측정할 수 있다. 홀륭한 선수들은 오늘의 실점이나 파울을 '잊고 싶은 기억'이 아닌 '미래 설계에 필요한 기록'으로 남겨 발전의 원동력으로 삼는다. 물론 오늘의 득점이나 홈런도 기록으로 잘 남겼다가 연봉 협상 때 활용한다.

이러한 노력은 스토브리그 때 결실을 맺는다. 매일 자기 데이터를 관리하면서 스스로를 채찍질한 선수들은 노력한 만큼 좋은 결과를 얻게 되고 그 결과 스토브리그를 느긋하게 보낸다.

경쟁이 치열한 프로의 세계에서 뛰는 사람이라면 자신의 능력을 한 번에 보여줄 수 있는 '데이터 관리'까지 충실해야 한다. 그것도 프로의 역할이다. 요즘처럼 급변하는 사회에서는 회사에서도 모든 사람의 성과와 기록을 일일이 체크할 만한 여유가 없다. 연봉 협상 등의 중요한 순간에 당황하지 않으려면 하루하루 자기 데이터를 관리해나가는 스포츠 선수들의 프로의식을 벤치마킹할 필요가 있다.

2장

덜 흔들리고
더 단단해지고 싶다면

집중력과 흥미를
혼동하지 마라

심리주치의를 맡고 있는 팀의 전지훈련장에서 메이저리그 강
타자였던 켄 그리피 시니어Ken Griffey Sr.를 만난 적이 있다. 당시 그
는 팀과 선수를 관리하는 인스트럭터instructor로 단기간 구단의 위
촉을 받은 상태였다. 나는 그에게 "어떻게 그렇게 모든 볼을 잘
칠 수 있었냐?"라고 물었다.

그리피 시니어의 대답은 의외로 단순했다. 끊임없이 준비를 했
다는 것이다. 그는 타격에 막 자신감이 붙고 있을 때, 상대편 투
수가 갑자기 못 보던 구질의 공을 던져 당황했다고 한다.

"요즘은 흔한 슬라이더(빠르게 날아오다가 타자의 왼쪽으로 휘어들
어가는 공)라는 구질이었는데, 처음 맞닥뜨렸을 때는 배트 한 번

휘두르지 못했죠. 그날 밤 잠자리에 들어서까지 슬라이더에 대해 분석하고 또 분석했어요. 그러고 나서 다음 경기 때 같은 투수를 만났는데 두 번의 안타를 쳐냈어요. 공이 휘기 전에 공 앞쪽을 때려버렸죠."

물론 공을 앞에서 때리기도 하고 뒤에서 때리기도 하는 기술이 뒷받침되기는 했지만 밤새도록 연구해 공의 타점을 알아낸 그의 집중력은 정말 놀라웠다.

집중력이 떨어지는가, 다중처리 능력이 부족한가

집중력이 성과 창출에 유용한 능력이라는 데는 다들 공감한다. 이 사실을 알면서도 생각대로 집중력을 발휘하지 못하는 건 이를 유지하는 것 자체가 힘들기 때문이다.

"뭔가 일은 잘 저지르는데 마무리가 안 돼요."

"처음 가진 마음을 끝까지 끌고 가기가 힘들어요."

"중간에 자꾸 딴생각이 들어요."

집중력이 떨어져 불만인 사람들이 자주 하는 말이다. 이 경우 엄격하게 말하면 한 가지 일에 몰두하지 못하는 것이 아니라 한 번에 여러 가지 일을 처리하는 다중처리 능력이 부족한 것이다.

많은 사람이 집중력에 대해 오해하는 것 중 하나가 조용한 곳에서 한 가지 일에 몰두하는 장면만을 떠올린다는 점이다. 그러나 운동이나 업무에 임할 때는 조용한 낙원 같은 환경은 주어지지 않는다. 오히려 그 반대의 상황에서 여러 가지 업무를 한꺼번에 수행해야 할 때가 더 많다.

이처럼 여러 가지 일이 진행되며 분주하게 움직이는 환경에서 성과를 내기 위해서는 시간과 순서에 대한 개념이 필요하다. 그러나 대부분의 사람들은 '시간 트랙'과 '순서 트랙'을 동시에 사용하지 못한다. 하나의 프로젝트가 진행되려면 이미 걸어놓은 일과 중간에 들어온 일, 그리고 마무리 단계의 일이 유기적으로 돌아가야 하는데, 자칫하면 혼선이 빚어지기 쉽다는 게 문제다. 이 경우 집중력이 떨어지는 사람은 당황할 수밖에 없다. 한정된 시간에 쫓겨 능력을 제대로 보여주지 못한다.

집중력은 흥미와 구별되어야 한다. 집중력이 높은 사람은 하고 싶은 일을 하면서도 당장 해야 할 일에 대해 충분히 생각할 줄 안다. 하지만 집중력이 떨어지는 사람은 좋아하는 일에만 빠져 다른 일을 진행하지 못한다.

이들은 다른 사람이 보기엔 열심히 하는 것 같지만 그것이 성과로 이어지지 않는다. 이런 상황이 지속되면 자신에 대한 신뢰까지 떨어지고 '나는 해도 안 되는 사람'이라며 자책하기 쉽다. 부족한 집중력이 행동을 위축시키는 악순환을 만드는 것이다.

집중력이 실력을 낳는다

집중력과 자신감의 조화는 선수들의 실력을 좌우한다. 타격 연습을 할 때 선수들은 셀 수 없이 많은 공을 쳐낸다. 그런데 동일한 훈련을 하는데도 스타 선수와 일반 선수는 결과에서 큰 차이를 보인다. 집중력의 차이 때문이다.

예를 들어 스타 선수는 피칭 머신에서 공이 나올 때 볼의 회전, 공이 나오는 각도 등을 기억해둔다. 날아오는 공의 회전 패턴을 의식적으로 기억하고 이를 정확하게 때려내는 훈련을 반복하는 것이다. 그러다 보면 공의 변화를 의식하지 않아도 몸이 자동적으로 반응한다.

투수의 손을 떠난 공이 포수 미트(글러브)에 도달하기까지 걸리는 시간은 대략 0.4초다. 타자가 투수의 손끝을 떠난 볼을 인식해 '타격하라'는 지령이 내려지기까지는 0.25초, 스윙은 0.15초가량이 소요된다. 날아오는 공을 보고 스윙을 하기까지 걸리는 전체 시간이 0.4초이므로 머뭇거리다가는 공을 칠 수 있는 물리적인 시간을 놓치게 된다.

이때 집중력으로 훈련된 내재적 기억을 활용하면 구종의 구분이나 볼의 스트라이크존 통과 여부에 대한 고민을 하지 않아도 된다. 볼이 날아오는 순간, 의식적으로 행한 반복 훈련으로 다져진 내재적 기억이 몸을 자동으로 움직이도록 해주기 때문이다.

이와 같은 자동 반응은 자기 자신에 대한 신뢰를 높여준다.

그리피 시니어처럼 어떤 문제를 성공적으로 해결할 수 있다는 자기신념이나 자신의 능력에 대한 믿음을 '자기효능감self-efficacy'이라 한다. 자기효능감은 흔히 '자기확신'을 동반한다. 자기확신이란 현재 좋은 결과를 향해 나가는 과정에 있다는 믿음을 말한다.

무조건 "나는 할 수 있어"라고 외친다고 자기확신이 생기는 것은 아니다. 집중력 있는 연습과 그 연습이 실전에서 성과로 발휘될 때 불멸의 자기효능감이 생겨나는 것이다. 자기효능감이 생겨나면 실력은 저절로 따라오게 된다. 실전에서 긍정적인 피드백을 맛본 사람은 그 유익한 경험을 잊지 못한다.

스타 선수들을 명불허전에 비유하는 이유는 결정적 순간에 이름값을 해내기 때문이다. 이들은 일반 선수들에 비해 자기효능감이 높다. 극도로 심리적 압박을 받는 순간에도 자기신뢰의 끈을 놓지 않고 제 실력을 보여주는 것이다. 이들은 신체적인 능력과 정신적인 능력 모두를 갖추고 있는 셈이다.

자기효능감이 높은 선수들은 실수를 해도 불리한 상황을 유리한 상황으로 재빨리 반전시킨다. 이렇듯 한 번 생겨난 자신감은 자동 반응을 더 빠르게 해주고, 빠른 반응은 또다시 자신감을 높여주는 선순환 고리를 만든다.

무의미한 반복은 자기학대일 뿐이다. 내재적 기억을 향상시켜 반복적 훈련을 효과적으로 활용할 수 있는 선순환 고리를 만들어야 한다. 특히 프로 선수라면 이러한 연습을 게을리해서는 안된다. 시합 중에 상대의 갑작스러운 공격에 난감했다면 그 순간을 기억해뒀다가 대응 기술을 마련해야 한다. 이를 위해서는 메모하는 습관이 필요하다. 스프링 노트를 준비해두고 틈틈이 떠오르는 아이디어를 적어놨다가 필요할 때 펼쳐보면 큰 도움이 된다.

연습시간을 분명하게 정해두는 것도 좋다. 이는 개인의 신체 리듬이나 라이프 사이클에 따라 집중력이 높은 시간대가 다르기 때문이다. 최적의 컨디션이 나오는 프라임타임prime time 을 별도로 정해두고 부족하거나 중요한 부분을 채우는 데 이 시간을 할애해야 한다. 모든 사람이 하루 24시간을 살지만 그 안에서 핵심 역량을 연마하는 사람은 극소수다. 소위 자기 분야에서 성공한 사람들은 프라임타임만큼은 그 누구에게도 내주지 않는다.

루틴으로
징크스를 넘어서다

　미국 프로농구의 전설적인 스타 마이클 조던Michael Jordan은 소속 팀이었던 시카고불스 유니폼 안에 자신의 모교인 노스캐롤라이나대의 붉은색 유니폼을 입었다. 잉글랜드 프리미어리그 맨체스터시티 소속의 중앙 수비수 콜로 투레Kolo Toure는 다른 선수들이 모두 경기장에 들어간 후 맨 나중에 들어간다. 그러면 그날 경기가 잘 풀린다고 한다.

　골프는 다른 운동보다 변수가 많아 아무리 연습을 많이 한 골퍼라도 그날의 환경에 신경을 쓰게 되고 요행수를 바라게 된다. 요행수를 바라는 순간, 선수들에게 믿음을 주는 건 징크스다. 징크스는 실패를 막고자 마지막으로 만들어낸 요행이다.

게임이 풀리지 않을수록 선수들은 비과학적 징크스에 의지한다. 첫 우승을 한 후 시즌이 끝날 때까지 같은 양말을 신는다든지, 파 5홀에서는 꼭 빨간색 티셔츠만을 고집한다든지, 어려운 벙커에서는 캐디가 채를 거꾸로 건네줘야 무사히 탈출할 수 있다는 등 자신만의 공식을 만든다. 경기를 많이 하다 보면 이러한 징크스가 힘을 발휘하는 경우도 있다. 이때 징크스는 선수들에게 하나의 종교가 되어버리기도 한다.

스포츠 심리학자들은 징크스에 대한 맹목적인 믿음에 대해 경고한다. 비합리적인 요행수를 바라는 마음이 오히려 선수들을 다치게 할 확률이 높기 때문이다. 우리는 행운이나 징크스처럼 미신에 의지하며 자신의 실력 이상의 결과를 바라곤 한다. 하지만 기대가 클수록 실패에 대한 두려움도 커지게 마련이고 그만큼 실패 확률도 높아 슬럼프에 빠지게 된다.

무엇보다도 징크스를 변명 삼아 진실을 가리게 되는 것이 가장 큰 문제다.

"내가 면도를 했기 때문에 시합에서 진 거야."

"경기 중에 바닥의 선만 밟지 않았다면 그런 실수는 하지 않았을 텐데."

애써 변명하지만 이것은 진실이 아니다. 좋은 결과를 내지 못한 건 부족한 실력이나 잘못된 집착 때문이다.

우리는 행운이나 징크스에 의지해 더 좋은 결과를 기대하지만
비합리적인 요행수를 바라는 마음이 오히려 상처를 줄 수 있다.

징크스인가 루틴인가

징크스와 비슷하지만 선수들에게 좀 더 체계적이고 합리적인 행동으로 '루틴routine'이 있다. 루틴은 특정한 작업을 실행하기 위한 일련의 명령으로 프로그램의 일부 혹은 전부를 이르는 경우에 쓴다. 구기운동에서 단지 공을 던지는 행동뿐만 아니라 공을 던지기 이전의 움직임부터 공을 던지는 행동까지를 '수행performance'이라 정의한다면 루틴은 운동 효과를 높이는 준비 작업에 해당된다.

이를테면 골프선수가 첫 티샷을 하기 전에 공 뒤로 돌아가 목표를 정하고 드라이버를 꼭 두 번씩 흔들어 손목을 푸는 무의식적 행동을 말한다. 벙커에 들어가기 전 무릎을 굽혀 다리의 힘을 풀기도 하고 선수들마다 다양한 루틴들이 있다.

루틴은 얼핏 보면 징크스와 비슷해 보이지만 전혀 다르다. 경기나 샷을 안정적으로 진행시켜주는 루틴과 달리 징크스는 경기나 샷을 불규칙하고 불안정하게 만든다.

스포츠 심리학자들은 경기 중에 불안해지면 루틴을 이용해보라고 권한다. 연습할 때 집중력을 높여주고, 습관화되면 스코어까지 향상시켜주기 때문이다. 시합 전 루틴으로 연습 삼아 빈 스윙을 해보거나 스트레칭을 해볼 수 있다. 공 뒤에서 행하는 빈 스윙과 목표 지점(깃대)을 살피는 행위, 깊게 심호흡을 하는 행위

등도 루틴에 해당된다.

루틴은 일관성을 유지하는 것이 핵심이다. 실력의 기복이 심한 선수가 오늘 최고의 기량을 뽐냈어도 크게 의미를 두지 않는 이유는 다음 날이면 최악의 실력을 보일 수 있기 때문이다. 최상의 기량을 끌어내는 루틴이 아직 뿌리 깊게 자리 잡지 못한 탓이다. 스포츠에서든 비즈니스에서든 진짜 실력 있는 사람은 루틴을 강화해 흔들림 없는 성과를 올린다.

성공하는 사람들의 루틴

그렇다면 성공하는 사람들은 보통 사람들과 비교했을 때 무엇이 다를까?

수행 루틴은 기술, 운동신경과 같은 행동적 요인과 자신감, 긍정, 내적 심상internal imagery과 같은 인지적 요인으로 구성된다. 운동선수들은 신체감각으로 경기를 펼치기 때문에 행동적 요인이 부각되지만 경기 운용에서는 인지적 요인이 중요하다. 인지적 요인은 '자신이 해낼 수 있다는 확신'과 '목표를 인지하는 능력'으로 행동을 지배하는 역할을 한다.

버진그룹의 회장 리처드 브랜슨Richard Branson은 인지적 요인 중에서 내적 심상을 구체화한 인물이다. 그는 자신의 저서인 《내가 상상하면 현실이 된다Screw It, Let's Do It》에서 "비행기 조종사가 되고 싶다면 일단 공항에서 커피부터 팔라"고 조언할 만큼 한번 목표를 정하면 그 목표가 실행될 때까지 그것에 집중했다. 브랜슨은 하고 싶은 일이 생기면 '일단 해보자'라는 내적 심상을 강화한 뒤 이를 곧장 행동으로 옮김으로써 현실로 재현해내는 루틴을 갖고 있었던 것이다.

'일단 해보자'라는 구호가 별것 아닌 것처럼 느껴질 수 있지만, 오늘 할 일을 내일로 미룬다거나 혹은 하지 말아야 할 이유를 만들지 않고 목표를 이루는 속도를 높여준다. 그는 여러 차례 성공과 실패를 경험하면서 자신만의 루틴을 완성했고, 그 결과 의식하지 않아도 루틴이 그를 성공으로 이끌었다.

이렇듯 우리도 각자의 위치에서 끊임없는 시행착오를 통해 목표를 실현하는 데 필요한 루틴을 강화할 수 있다.

그들은 어떻게
강심장이 됐을까

피겨 여왕 김연아, 마린보이 박태환, 끝판 왕 오승환의 공통점은 강심장을 가졌다는 것이다. 김연아는 동갑내기 아사다 마오와 숙명의 라이벌전을 펼치며 2010년 밴쿠버 동계올림픽에서 역대 최고 점수로 금메달을 땄다. 박태환은 2008년 베이징올림픽에서 쟁쟁한 라이벌을 세 명이나 제치고 동양인 최초로 400미터 수영에서 금메달을 따냈다. 최고 마무리 투수였던 오승환은 1년간의 부상 공백을 딛고 동양 최다 세이브 왕으로 등극했다.

이처럼 자신의 한계를 뛰어넘은 선수들은 수행불안performance anxiety에서 빠져나오는 법을 잘 알고 있다. 수행불안이란 시험이나 발표를 앞두고 불안과 초조함을 느끼는 심리 상태를 말한다.

운동선수들의 강심장을 학문적으로 설명하면, 수행불안을 떨치고 놀라운 집중력으로 자신의 기량을 완벽하게 발휘하는 역량이라 할 수 있다. 강심장은 '자질'과 '상황'에 따라 좌우되는데, 이는 강심장이 어느 정도 타고나기도 하고 체계적인 훈련에 의해 만들어지기도 한다는 의미다.

불안감을 이기는 3가지 조건

앞에서 언급한 선수들은 자질과 상황 면에서 매우 우수한 강심장을 가지고 있다. 그렇다면 불안감을 이기고 강심장이 되기 위해 우리는 어떠한 노력을 기울여야 할까?

첫째, 일관성 있는 환경이 중요하다.

강심장은 자신에 대한 믿음과 체계적인 훈련을 통해 길러진다. 관중의 비난과 기대, 언론의 이중적 태도 등 주변 상황에 흔들리지 않는 믿음은 최초로 부모와의 관계에서 만들어진다. 부모가 어렸을 때부터 크고 작은 변화에 민감하고 동요하는 모습을 아이에게 보였다면 아이도 불안감에 쉽게 노출된다.

훌륭한 운동선수 뒤에는 이들을 물심양면으로 지원하는 훌륭한 부모가 있다. 이들은 자녀가 경기에서 좋은 성적을 거두지 못할 때도 변함없는 애정을 보여준다. 그러한 일관된 태도가 컨디션을 유지하는 데 도움이 된다는 사실을 알고 있기 때문이다. 코칭스태프에 대한 신뢰도가 높은 선수일수록 경기 성적이 좋은 이유도 이 때문이다. 코칭스태프가 흔들리는 모습을 자주 보이면 선수는 불안에 휩싸인다.

둘째, 긴장을 받아들여야 한다.

자신이 긴장하고 있다는 사실을 받아들이고 긴장감을 줄일 방법을 찾아야 한다. 긴장감이 지나치면 병이 되지만 가벼운 긴장감은 긍정적으로 작용한다. 심리학술지 〈이모션 Emotion〉에 실린 연구 논문에 따르면, 개인이 견딜 만한 수준의 위협은 수행 능력의 조절 기능을 향상시키며, 이때 동반되는 불안은 위협을 강화해 집중력 향상에 도움을 준다.[5] 이는 상황불안state anxiety 심리를 적절히 증가시키면 경쟁 상황에서 수행 능력이 향상된다는 가설을 뒷받침한다.

셋째, 변수에 대비해야 한다.

흔히 변수는 외부 환경에서 오는 경우가 많아 자신의 통제권 밖에 있다고 생각하기 쉽다. 그러나 예측 가능한 변수들은 자신의 힘으로 관리할 수 있어야 한다. 변수에 대한 철저한 준비는 자신에 대한 믿음을 길러준다.

양궁 선수들이 소음 속에서 활 쏘는 연습을 하는 것은 상황에 적응하기 위한 훈련이다. 소음이 경기 성적에 상당한 영향을 미치기 때문이다. 경기에 출전하는 선수들은 준준결승전과 준결승전, 그리고 결승전에 임하는 긴장도가 다를 것이다. 이럴 때 선수는 긴장을 당연하게 받아들이고 자신의 불안 수준에 맞는 적절한 해소책을 갖고 있어야 좋은 성적을 올릴 수 있다.

강심장이 되기 위해 노력하는 일련의 과정은 자신의 강점을 개발하는 일과 일맥상통한다. 《위대한 나의 발견 강점 혁명*Now, Discover Your Strengths*》의 저자 마커스 버킹엄Marcus Buckingham은 강점을 한 가지 일을 완벽에 가까울 만큼 일관되게 처리하는 능력으로 정의했다. 그리고 골프 천재 타이거 우즈의 강점은 우드와 아이언으로 만들어내는 롱 게임long game이라 했다.[6]

어떤 환경에서든 일관된 실력을 보여줄 수 있다는 것은 그 일에 지속적으로 공력을 들였다는 뜻이다. 공을 100번 친 사람이 10번 친 사람과 경기를 펼쳤을 때, 이길 수 있는 확률이 높은 건 단순한 연습량과 실력이 아니라 공을 100번 친 사람이 자신의 강점을 개발할 기회가 더 많았기 때문이다. 이들은 위기가 닥치면 어떻게 극복해야 하는지에 대한 대안까지 갖고 있다.

예술은 아는 만큼 보이지만, 경기는 아는 만큼 준비하게 된다. 이는 비단 운동선수들에게만 해당되는 얘기가 아니다. 실력 없이 강심장을 가진 사람은 없다. 강심장을 가진 사람들의 특징 가운데 하나는 능력을 충분히 발휘할 수 있게 해주는 자기신뢰가 높다는 점이다. 이는 '근거 없는 자신감'과는 구별된다. 강심장을 가진 선수들은 슬럼프에 빠져도 금세 회복된다. 실수나 오점까지 받아들이는 자기수용self-acceptance의 힘이 크기 때문이다.

지나친 걱정은 나쁜 주문이다

선수들이 중요한 시합을 앞두고 가장 많이 듣는 말 가운데 하나가 '진인사대천명盡人事待天命'이다. 오직 금메달만을 바라보고 달려온 선수가 결승전을 앞두고 있을 때 자주 떠올리는 구절이기도 하다. 실제로 결승전 전날 밤에 이 구절을 마음속 깊이 새긴 선수들이 금메달을 따는 경우가 많다고 한다. 지금까지 자신이 해온 노력들이 제대로 발휘가 되기만을 바라고 다른 것들을 하늘에 맡긴 채 시합에 응했던 것이 오히려 긴장감을 덜어줬기 때문이다.

반대로 시합 전날 잠을 이루지 못하고 걱정하며 보내는 선수들은 대체로 성적이 좋지 못하는 경향이 있다. 이들은 '내일 내가 연습한 것을 다 보여주지 못하면 어떻게 하지?', '세 개의 기본 동작에서 하나라도 실수를 하면 금메달은 물 건너갈 텐데' 하면서 불안해한다. 이런 선수들은 꼭 실수를 한다. 마치 전날 밤 실수에 대한 주문을 건 사람처럼 말이다.

시합 전날, 이렇게 저렇게 실수할지도 모른다는 구체적인 걱정을 하는 행위는 실패에 대한 주문을 거는 행위와 다를 바 없다. 이를테면 실패에 대한 리허설을 하는 것이나 마찬가지인 것이다.

어떤 사람은 중요한 일을 앞두고 그 일이 잘 될 거라 생각하면 오히려 일을 그르친다며 부정적으로 생각해야 안심이 된다고 말한다. 최악의 상황을 상상하면 최소한 그보다 더 나빠질 수는 없기 때문이다. 그러나 경기 전날 혹은 당일에 자신에게 거는 주문은 이런 경우와는 다르다.

진인사대천명과 비슷한 말로 "하늘은 스스로 돕는 자를 돕는다"가 있다. 최근 유행하는 말로는 "안 되면 말고"도 있다. 최선을 다했는데도 결과가 나쁘다면 거기까지 받아들이고 그다음을 생각해야 한다.

우승할 때는 어느 정도 운이 작용한다. 하지만 그 운이라는 것은 나한테도 작용할 수 있고 다른 선수에게도 작용할 수 있는 것이다. 그런데도 좋은 운만을 기대하고 나쁜 운을 배척하는 강박에 빠지면 승리에 대한 부담감이 가중된다.

스스로 최선을 다했는데도 금메달을 따지 못했다면 아직 실력이 부족함을 받아들이는 자세도 필요하다. 이런 태도는 패배자의 자기위안과는 다르다. 금메달을 놓치고도 매우 편안한 얼굴로 인터뷰를 하는 선수들이 있다. 이때 우리는 그 선수가 최선을 다했음을 인정하게 된다. 그 선수 입장에서 당연히 금메달이 아쉬울 것이다. 그러나 최선을 다한 마음도 금메달 못지않게 소중하다.

'다 잘 될 거야'의
함정

대다수 사람들은 자신이 다른 사람보다 부정적인 사건을 경험할 가능성이 적다고 생각한다. 다른 사람의 불행에는 다 그럴 만한 이유가 있다고 생각하면서 자신에게는 절대 그러한 일이 일어나지 않을 것이라고 믿는다. 이를 심리학 용어로 '낙관 편견optimism bias'이라 한다.

낙관 편견이 강한 사회일수록 불안이 잠재되어 있는 경우가 많다.

A. "저는 모든 일이 다 잘될 것 같아요."
　　"그냥 모든 게 술술 잘 풀릴 것 같아요."

B. "지금 하는 일이 다 잘될 것 같아요."
　"뭐가 잘못된 건지 알았으니 이전보다는 나아지겠죠."

우리는 둘 중 어떤 사람을 더 긍정적인 사람으로 봐야 할까? 보통 우리는 A처럼 말하는 사람을 긍정적인 사람이라 말하고, B처럼 말하는 사람을 소심하고 수동적인 사람이라 한다. 과연 이러한 판단이 맞는 걸까?

어떤 사람이 긍정적인 사람일까

'모든 일이 다 잘될 것'이라고 생각하는 것이 전적으로 긍정적인 태도는 아니다. 현실에서 상황이 원활하게 진행되지 않을 것이 빤한데도 무조건 잘될 거라고 생각하고, 부정적인 결과가 예상되는데도 아무런 대책 없이 대응하는 것은 머리만 묻은 채 사냥꾼이 못 보고 지나가기를 기다리는 꿩과 다를 바 없다.

부정적인 결과가 예상되는데도 막연한 기대심리만으로 문제를 들여다보는 사람은 긍정적인 사람이 아니다. '소망적 사고wishful thinking'를 하는 사람일 뿐이다. 소망적 사고란 객관적인 데이터나 현실 대신 자신이 소망하는 대로 문제를 들여다보는 사고방식을 말한다. 이런 사고를 하는 사람들은 에고ego가 희망하는 대로 문제를 인식할 뿐 아무런 대책도 강구하지 않는다. 소망적 사고보

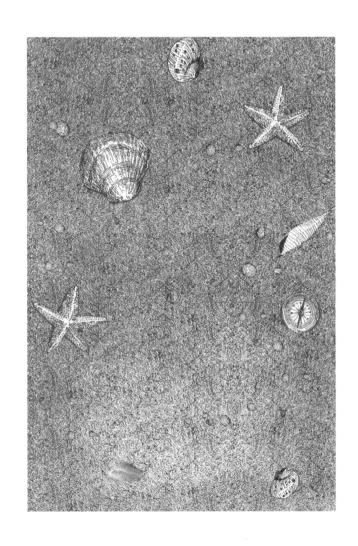

부정적인 결과가 예상되는데도 막연한 기대심리만으로
문제를 들여다보는 사람은 긍정적인 사람이 아니다.

다 더 비현실적인 사고는 '마술적 사고magical thinking'라고 한다.

우리 주변에는 소망적 사고나 마술적 사고를 하는 사람들이 의외로 많다. 대표적인 유형이 조증 증세를 보이는 사람들이다. 현대인이라면 누구나 조금씩은 정신질환에 노출되어 있다. 내 주변에도 감정 기복이 심하거나 우울의 늪에 빠져 힘들어하는 사람들이 꽤 있다. 매사에 매우 긍정적이지만 일은 잘 못하는 사람들은 조증 상태에 있을 때가 많다.

조증 상태 때는 지나친 대범함, 자신감 증대, 사고의 비약, 과대망상, 그리고 수면욕구의 감소와 같은 변화가 나타난다. 조증 환자들은 기분이 들떠 있을 때는 세상의 모든 일이 자기 뜻대로 될 거라 생각한다. 평소 자기 능력의 5배 혹은 10배나 되는 일을 벌이기도 하고, 일에 중독되어 잠자는 시간조차 아까워하기도 한다. 그러나 정작 결과를 보면 별 성과가 없다. 손해 보는 일들을 하고 있는 것이다. 이것이 현실 인식이나 분석 없는 긍정적인 생각들이 빚어낸 결과다.

그렇다면 어떤 사람이 긍정적인 사람일까? 말과 행동이 같은 사람이 긍정적인 사람이다. 우리는 상대에게 "너라면 할 수 있어"라고 쉽게 말하지만 정작 자신의 문제로 들어가면 담배 한 개비 줄이는 일도 어렵다. 대부분의 사람들은 실천 앞에서 한없이 작아진다. 오늘 일을 내일로 미루고 모레로 미룬다. 특히 완벽주의자들이 실천에 약하다. 한 번의 시도로 완벽한 성과를 내야 한다고 생각하기 때문이다.

긍정적인 생각을 가진 사람들은 심리적·물리적으로 여유가 있다. 이들은 상황을 냉정하게 볼 줄 안다. 그리고 자신에게 유리한 상황이라 해도 일단 객관적인 시각으로 보려고 애쓴다. 이들은 무엇을 더 배워야 하는지, 이를 위해서는 무엇을 더 열심히 해야 하는지 제대로 파악한다.

긍정적인 마인드를 가진 사람일수록 상대에 대해 칭찬을 잘한다. 긍정적인 운동선수들은 평소 좋지 않은 감정을 가지고 있는 동료라 해도 경기장에서만큼은 칭찬과 응원을 아끼지 않는다. 특히 국가대표를 비롯해 각종 대표 팀에서 많이 활동한 선수일수록 이런 성향이 두드러진다. 내가 동료를 칭찬하면 언젠가는 동료도 나를 칭찬할 거라는 사실을 잘 알고 있는 것이다.

낙관론이 강박을 부른다

프로야구나 프로축구에는 '2년 차 징크스'라는 말이 있다. 프로 데뷔 첫해에는 탁월한 실력을 보이며 승승장구하던 선수가 다음 해에는 제대로 실력 발휘를 못하는 경우를 일컫는 말이다. 팬이나 코치는 첫해에 잘한 선수가 자만에 빠져 연습을 안 하고 정신력이 해이해졌다고 비난한다. 하지만 실상은 그 반대인 경우가 많다.

첫해에 신인왕을 받거나 그에 근접한 기량을 선보인 선수들은 다음 해에 더 잘하기 위해 욕심을 낸다. 그러나 1년간 쓰는 에너지에는 한계가 있기 마련이다. 시즌이 끝나면 육체적·정신적 스트레스에서 벗어나 휴식을 취해야 한다. 하지만 신인 선수들은 그렇지 못한 경우가 많다. 첫해보다 더 잘해야 하고 더 좋은 기록을 보여줘야 한다는 강박 때문에 휴식 없는 노력을 택한다. '첫해에는 이 정도 했으니 올해는 두 배로 노력하면 더 좋은 성적을 낼 수 있을 거야'라는 낙관론에 빠지는 것이다. 하지만 과도한 연습은 체력을 고갈시켜 오히려 좋은 성적을 내는 데 방해가 된다.

낙관론에 빠져 있는 선수들은 항상 최고가 되어야 한다는 강박에 사로잡혀 있다. 반대로 자신이 완벽하다고 생각하는 엘리트 선수들은 다르다. 이들은 운동하기 전에 집중을 위한 자기만의 시간을 갖는다. 주변 정리나 경기 리허설 등으로 긴장을 푸는 것이다. 스포츠 세계에서 0.1퍼센트의 집중력, 100분의 1 속도는 선수의 기량을 결정짓는 바로미터가 된다.

뇌는 미리 계산된 단서cue가 주어진 일을 빠른 속도로 처리한다. 때로 단서가 주어진 일을 처리하기 위해 별도의 길을 예비하기도 한다. 여기서 단서란 출발점을 의미한다. 달리기할 때를 생각해보자. 보통 달리기를 할 때는 허리를 숙이고, 오른손은 배 높이로 올리고, 왼손은 엉덩이 아래로 내리는 동작을 취한다. 이

동작이 바로 달리기의 시작점이다. 그다음 다리를 움직여야 한다고 지각하기도 전에 몸은 이미 결승점을 향해 질주한다. 팔을 올리는 동작 하나가 전체 몸동작을 이끄는 것이다.

　이런 버릇이 몸에 배어 있는 선수는 자신이 원하는 행동을 재빨리 취해 실력을 쌓고 엘리트 선수가 된다. 일상생활에서도 마찬가지다. 미리 계획하고 그 계획에 따라 행동하기 위해서는 정리와 정돈, 그리고 경기를 치르는 자기만의 의식이 필요하다. 이러한 의식이 본 경기의 성과를 높이는 지렛대가 되어주기 때문이다.

행복한
완벽주의자란 없다?

　강박은 부정적 의미로 보면 불안의 한 형태이지만, 긍정적 의
미에서는 완벽하게 일하기 위해 필요하기도 하다. 강박이란 자신
의 의지와는 상관없이 특정한 사고나 행동을 떨쳐버리고 싶어도
시도 때도 없이 반복적으로 하게 되는 심리 상태를 말한다.

　예를 들어 어떤 사람이 외출하기 위해 문을 잠그고 집을 나선
다. 그런데 100미터 정도 갔다가 갑자기 문을 잠그지 않은 것 같
아 다시 집으로 돌아가 확인한다. 문이 제대로 잠긴 것을 확인하
고 다시 외출에 나서지만 150미터쯤 가서 또다시 불안해진다. 결
국 이 사람의 외출은 엉망이 되고 만다. 이와 같이 불안을 동반
한 반복적 행동은 병적 강박 상태를 보이는 사람들에게서 자주

나타난다.

하지만 나는 '강박의 배'를 타자고 제안해본다. 게으르거나 혹은 주의가 산만해 미완성인 상태로 일을 방치하는 사람들, 구체적인 방법을 찾지 못해 미봉책의 심정으로 사는 사람들은 특히 강박의 배를 한번쯤 타볼 필요가 있다. 우리가 존경하는 각 분야의 장인들은 자신의 일을 강박에 가깝게 완벽하게 처리하는 습관을 가지고 있다. 완벽을 추구하는 일을 할 때는 강박이 긍정적으로 작용하는 것이다.

어릴 적부터 만나온 만화 작가가 있다. 그는 겉으로 보면 마음씨 좋은 옆집 아저씨처럼 보였지만 작업에 있어서는 냉정할 만큼 철저했다. 말을 그릴 때도 몸에 달려 있는 장신구까지 하나하나 확인했다. 피카소도 처음 드로잉을 배울 때 비둘기 발목만 수천 번 그렸다고 한다. 예술가들에게 강박증은 작품의 완성도를 높여주는 하나의 정서적 특징이다.

슈드비 콤플렉스

직장인 7년 차인 해성 씨는 최근 국내 대학의 MBA(경영학 석사 학위)에 진학했다. 직장 동료들 모두가 하는 공부를 자신만 안 하면 뒤처질 것 같은 생각이 들었기 때문이다. 경쟁이 치열한 곳에서 일하는 직장인이라면 이런 강박증에서 벗어나기가 힘들다. 그런데 해성 씨는 MBA와 더불어 CFA(공인재무분석사)도 준비하고 있다. 회사생활과 결혼생활만으로도 버거운데 자기계발까지 하느라 이만저만 고된 게 아니다.

이는 해성 씨에게만 해당되는 이야기는 아닐 것이다. 현대사회를 살아가는 대부분의 사람들은 미래를 위해 오늘의 행복을 기꺼이 담보로 내놓는다. 독일 출신의 미국 정신분석학자 카렌 호나이Karen Horney는 '슈드비 콤플렉스should be complex'라는 용어로 이러한 현대인의 불안을 진단했다.[7] 해야 할 일을 제때 하지 못했을 때, 해야 하는 일이 너무 많아 패닉 상태에 빠졌을 때, 우리는 슈드비 콤플렉스에 빠졌다고 말한다. '정체는 곧 지체'라고 인식하는 사회 분위기가 만들어낸 일종의 신경쇠약증이다.

한 번의 실수로 1년간의 노력이 수포로 돌아가는 선수들에게는 어떤 강박증이 있을까? 장래가 보장된 테니스 선수가 있었다. 그런데 그는 늘 중요한 시합을 앞두고 불안에 시달렸다. 심지어 라인을 밟으면 안 된다는 강박증까지 생겨났다. 테니스 코트가 아니더라도 집 주변의 라인을 밟으면 시합에 질 것 같은 느낌이 들었다. 그러다 보니 정작 본 경기를 할 때, 라인을 피해 다니는 데만 신경을 쓰느라 플레이에 집중하지 못해 경기 결과가 엉망이었다.

상담을 통해 이 선수의 강박적 사고의 정도를 체크해보니 징크스가 큰 문제였다. 자신도 모르게 생긴 징크스로 인해 경기에 집중하지 못하는 결과를 초래했던 것이다.

　나는 이 선수에게 사고의 전환을 유도했다. "빠른 공을 치려면 하체가 먼저 고정되어야 하고, 스핀이 강하게 들어오는 공은 백스윙을 짧게 하고……" 이런 식으로 선수의 관심을 플레이에 집중시켰더니, 휘어들어가는 공과 스핀을 구사하는 능력이 좋아졌다. 이와 함께 라인을 밟지 말아야 한다는 강박적 사고도 줄면서 경기력이 향상되었다. 결과보다 과정에 집중하도록 만든 노력의 결과였다.

　시합 때 과정에 집중하면 생각이 많아져 좋지 않다고 알려져 있다. 차라리 머리를 비우고 경기를 하는 것이 낫다는 의견이다. 하지만 정작 아무 생각 없이 경기에 나서면, 무의식 속에 자리 잡은 불안 때문에 긴장감이 높아진다. 당연히 경기력이 나빠질 수밖에 없다. 행동 하나하나를 모두 고려하게 하는 강박적 행동은 '행위' 입장에서 보면, 정작 신경 써야 할 부분을 놓치게 만듦으로써 성과를 망치는 주범이라 할 수 있다.

매 순간 최선을 다해야 한다?

　미국의 사회심리학자 배리 슈워츠Barry Schwartz는 의사결정 방식을 설명하는 과정에서 최대 만족을 추구하는 '극대화자maximizer'와 현실에 만족하는 '만족자satisfier'를 구분했다.[8] 필요한 훈련만을 하고 집에 일찍 들어가 체력을 안배하는 선수는 만족자인 반면 새벽까지 훈련하는 선수는 극대화자에 해당한다. 둘의 차이는 열정이 아니다. 어떤 방식이 자신에게 더 효과적인지 알고 있느냐의 차이다.

최상의 만족을 추구하는 극대화자의 맹점은 현실적인 대안을 고려하지 않은 채 판타지만을 쫓는다는 데 있다. 이 과정에서 체력이 소모되고 정서적 허기도 느끼게 된다. 자신의 목표와 욕망이 실현될 확률이 요원하고 노력한 만큼 대가도 따라주지 않으니 심한 공복감이 생기는 것이다. 그러나 현실에 만족하는 만족자는 단계적으로 욕망을 실현해냄으로써 최종적으로 자신이 원하는 위치에 무리 없이 올라간다.

사람들은 성공이나 욕망을 실현하는 과정에 대해 오해하고 있다. 성공으로 가는 과정에서 '매 순간 최선을 다해야 한다'는 생각을 하고 있는 것이다. 이것이 바로 강박증이다. 대부분의 사람들이 목표를 달성하기 위해 피곤한 삶을 사는 것은 '만족'을 정체된 삶의 상징으로 여기기 때문이다. 그러나 현명한 사람들은 만족을 최종 목적지로 가기 위해 거쳐야 하는 단계로 받아들인다.

뇌는 기억한다
작은 성공까지도

실력이 뛰어난 선수는 시합 전 준비 과정이 남다르다. 구체적인 경기 준비를 단계별로 나눠 접근해나간다. 과정 자체를 잘게 나눠 준비해야 될 것들을 확실하게 파악해두는 것이다.

한 야구 감독은 좋은 선수를 알아보는 방법에 대해 이렇게 말했다. "좋은 선수란 늦게 밤늦게까지 연습하는 선수가 아니라 아침 일찍 운동장에 나오는 선수다." 훈련장을 늦게 빠져나가는 선수는 부족한 부분을 채우거나 혹은 경기 운영에 대해 지적을 받아 남아 있는 경우가 많지만, 아침 일찍 나오는 선수는 오늘 경기를 어떻게 대비해야 할지 구체적인 계획이 섰기 때문에 일찍 집을 나서게 된다는 것이다. 이는 나머지 공부하는 학생과 일찍 등교하는 학생의 차이를 생각하면 쉽게 이해될 것이다.

높은 타율을 지속적으로 유지하는 강타자들은 매일 똑같은 분량으로 운동을 하지 않는다. 이틀간 휴식을 취했으면 러닝머신을 30분간 하고, 이틀 연속 시합을 했으면 20분간, 사흘 연속 시합을 했으면 10분간, 나흘 연속 시합을 했으면 러닝머신을 하지 않는다. 대신 비디오 분석이나 전력 분석에 더 많은 시간을 할애한다. 실력이 좋은 선수들은 자신의 피로를 조절할 수 있을 뿐만 아니라 시합 당일에 맞는 훈련법에 대해서도 잘 알고 있는 것이다.

시간이 부족할 때 과정별로 나눠 연습하는 훈련은 매우 중요하다. 짧은 시간 안에 역량을 극대화할 수 있기 때문이다. 일반인들도 마찬가지다. 프로젝트 마감이 일주일밖에 남지 않은 상황이라면, 모든 과정에 똑같은 시간과 에너지를 들일 수 없다. 이때 팀의 리더는 일주일 이내에 업무를 마무리한다는 목표에 맞춰 스케줄 및 인프라 구성을 할 수 있어야 한다. A부터 Z까지 모두 챙기려 하다가는 D 정도에서 일이 엉성하게 끝나버릴 수 있다. 프로젝트를 나눠 시간과 에너지를 분배해야 하는 이유가 여기에 있다.

성공을 잘게 나누기

준비만큼이나 중요한 것이 결과다. 그런데 많은 사람이 '준비를 단계별로 나눠 하라'는 말에는 쉽게 동의하면서 '성공을 나눠 인지하라'는 말은 선뜻 이해하지 못한다. 여러 명의 코치들과 대화하면서 얻은 깨달음 가운데 하나는 성공을 통해 불안감을 줄이는 것이다. 그때까지 나는 주로 선수의 불안감을 줄이는 데 관심을 쏟아왔다. 하지만 타석에만 들어서면 제 실력을 발휘하지 못하는 선수들에게 그 방법은 큰 효과가 없었다. 결국 타격 코치와 상의할 수밖에 없었다. 코치는 이렇게 말했다.

"일단 안타를 쳐봐야 돼요."

옳은 말이긴 했지만 내게는 단순하고 무책임하게 들리는 대답이었다. 그래서 내 방법과 코치의 처방을 결합해 '목표 나누기'라는 전략을 강구해냈다.

- 타석에서 안타를 치기 전에 아웃코스로 들어오는 직구만 1루 쪽으로 보낸다.
- 인코스로 들어오는 공은 포기하고 아웃코스로 들어오는 공은 안타든 아웃이든 무조건 1루 쪽으로 보낸다.

나는 불안감에 위축된 야구선수에게 이 두 가지 원칙만을 지킬 것을 당부하고 다음 날 경기에 나서도록 했다. 그러자 그는 5타석 만에 안타를 쳐냈다. 다음번에는 인코스로 들어오는 공을 무조건 3루 쪽으로 보내라고 지시하자 선수는 4타석 만에 안타를 쳐냈다. 그러는 사이 선수의 불안감도 몰라보게 감소했다. 코치가 말한 대로 안타를 쳐봤기 때문이다. 그는 선수로서 제 역할을 해냈다는 자신감이 붙기 시작한 것이다.

코치와 내가 선수들에게 사용한 처방은 목표를 나눈 것이 아니라 성공을 나눈 것이다. '안타'라는 작은 성공으로 선수는 자신감을 회복했다. 안타가 나오든 아웃이 돼든 매 타석에서 아웃 코스로 가는 성공을 맛보기 시작하면서 결국 안타라는 성공을 만들어낸 것이다.

이 선수처럼 충분히 실력이 있음에도 긴장과 불안 때문에 실력 발휘를 제대로 못하는 선수들이 많다. 이들에게 작은 성공으로 불안을 없애는 방법을 써보라고 권하고 싶다. 많은 선수가 실력이나 노하우가 부족해 좋은 성적을 내지 못하는 게 아니다. 그들은 불안감을 해소하고 자기 자신에 대한 신뢰를 경험할 기회를 갖는 것이 중요하다. 일단 작은 성공을 통해 "나도 충분히 할 수 있다", "해볼 만하다"라는 마인드 컨트롤을 시작해야 한다.

뇌는 성공 경험을 기억한다

성공을 나눠 작은 성공을 일찍 맛보게 되면 '보상'이나 '만족'이라는 선물이 주어진다. 그리고 이 보상이 '긍정'을 강화한다. 학창 시절에 문제집 한 권을 다 풀고 나서 채점할 때보다 단원별로 풀고 나서 채점했을 때 진도가 더 빨리 나가는 만족감을 느꼈던 기억을 떠올리면 이해가 쉬울 것이다.

보상에는 '지연적 보상delayed reward'과 '즉각적 보상immediate reward'이 있다. 즉각적 보상은 행동하는 즉시 보상이라는 선물이 주어져 보상을 받는 행동을 더욱 강화한다. 즉각적 보상이 강화되면 중독 물질이 분비되는데, 우리 몸은 중독 물질이 더 많이 분비되는 쪽으로 에너지를 쏟는다.

성공이라는 달콤함을 맛본 사람들은 그것을 강화하려는 쪽으로 행동 패턴을 진행하고 그 결과 더 큰 성공을 이뤄낸다. 이러한 메커니즘도 즉각적 보상과 유사한 시스템으로 진행된다. 뇌는 이전에 보상받은 것을 기반으로 다음 행동을 결정한다.

한 가지 이벤트가 진행될 때마다 두세 가지 선택지가 있다고 해보자. 한 번 성공한 경험이 있으면 비슷한 상황에 처했을 때 신경전달물질인 도파민이 분비된다. 뇌가 '아, 이거 지난번에 맛본 기분 좋은 일이네. 도파민을 분비해야겠다' 하고 사고하는 것이다.

이렇듯 뇌 회로가 저절로 반응하게 되면 선택의 갈림길에서 고민이 줄어든다. 뇌가 보상을 받은 쪽으로 최종 선택을 하기 때문이다. 이런 패턴을 '반복 학습'이라 부른다. 이러한 반복 학습은 성공을 향한 행동 패턴을 강화해준다.

가장 소중한 것은
지금 이 순간

중국의 고전 《회남자淮南子》를 보면 '시령時令'을 삶의 방식으로 정했다. 봄에 자연이 기지개를 켜고 겨울에는 만물이 겨울잠을 자듯 인간의 삶도 사계와 순리에 따라야 한다는 것이다. '하늘의 법'을 중시하는 전통관에 비춰보면 매우 실용적인 삶의 방식이라 할 수 있다.

오늘날을 가리켜 '청춘이 연장된 시대'라고 한다. 예전에 50대는 노년기의 시작으로 봤으나 평균수명 100세 시대에 50대는 인생의 후반전이 시작되는 시기로 통한다. 그럼에도 불구하고 40대만 되어도 은퇴 불안감에 시달리고, 고령자에 대한 사회적 무관심이 개선되지 않는 현상도 엄연한 우리의 현실이다.

"내 시대는 이제 끝났다"

'에이지즘ageism'이라는 말이 있다. 나이 든 사람은 젊은 사람에 비해 신체적·지적 능력이 떨어진다는 개념이 담겨 있는 말이다. 여기서 '능력'이란 곧 생산성을 의미한다.

인생에서 중년기는 생산성에 총력을 기울이는 시기다. 가정에서는 자녀를 키우고, 사회에서는 다음 세대를 지도하면서 사회 발전에 힘씀으로써 자아존중감이 가장 높아지는 시기라 할 수 있다. 바꿔 말하면 중년기를 지나 생산성이 떨어지는 시기(50~60대)에 접어들면 "내 시대는 이제 끝났구나" 하는 무력감에 빠지기 쉽다. 그래서 사람들은 은퇴 시기에 이르면 극도의 불안감에 휩싸인다.

'뇌 기능이 40~60대에 최고 경지에 이른다', '정보처리 능력은 50대가 최고다'라는 뉴스를 가끔 접하기도 한다. 얼핏 에이지즘에 반대되는 말처럼 들리지만, 자세히 들여다보면 이러한 주장들도 결국 생산성을 중시하고 있다.

에릭 에릭슨은 인간 발달을 8단계로 나누고 나이에 맞는 과제를 제시했다. 기본적인 신뢰감과 불안감의 단계(0~1세, 1단계), 자율성과 수치심의 단계(1~3세, 2단계), 주도성과 죄책감의 단계(3~5세, 3단계), 근면성과 열등감의 단계(5~12세, 4단계), 정체성과 정체성 혼미의 단계(청소년기, 5단계), 친밀감과 고립감의 단계(청년기, 6단계), 생산성과 침체성 단계(장년기, 7단계), 통합성과 절망감의 단계(노년기, 8단계)가 바로 그것이다.[9]

에릭슨은 이처럼 인간이 연령대별로 그에 적합한 과제를 이루고 성공을 거뒀을 때 비로소 안정되고 완성된다고 주장했다. 그는 청소년이 죽음을 준비하는 절망감에 파고드는 것은 적절하지 않고, 생산성을 고민해야 하는 장년이 주도성과 죄책감의 문제를 고민하는 것도 좋지 않다고 봤다.

나는 인생의 각 단계별로 적합한 과제를 완성해가면서 에이지즘이라는 차별적 인식을 해결해가는 것이 바람직하다고 생각한다. 청년기와 장년기를 거치며 생산성에만 몰두해 있다가 노년기를 미처 준비하지 못한 사람들은 세월에 떠밀려 살았다는 허무함과 박탈감 속에 머물 수밖에 없다.

예전만 못한 자기 자신 받아들이기

20대 초반 시속 150킬로미터의 강속구를 던지던 투수 A와, 늘 홈런왕과 타점왕 후보에 거론되던 전설의 강타자 B가 30대 후반에 접어들었다.

투수 A는 40대가 되어서도 여전히 팀의 에이스였다. 그는 빠른 공을 고집하지 않았다. 타자와의 힘 싸움이 아닌 수읽기를 즐겼고, 20년 동안 차근차근 익힌 다양한 변화구를 구사했다.

거울은 꿈꾸는 사람으로 하여금
최초로 자기 자신에 대해 생각하게 한다.
예전만 못한 자기 자신을 인정하는 것도 능력이다.

반면에 타자 B는 20대 때의 배트 스피드와 힘을 유지하기 위해 매일 새벽 한두 시까지 연습을 게을리하지 않았다. 연습하면서 너무 힘을 빼서인지 정작 시합이 있을 때는 스윙이 느렸다. 실력을 키우기 위한 B의 연습은 그렇게 자신의 의지와는 다르게 시합에 나쁜 영향을 주었다. 결국 그는 안타 한 번 못 치고 쓸쓸히 은퇴했다.

대다수 운동선수들은 타자 B처럼 체력이 떨어지면 조급증이 생기고 불안감이 심해진다. 이럴 때는 자신의 신체적 능력을 객관적으로 판단해보는 것이 좋다. 하지만 선수들은 보통 무리한 연습으로 자신을 소모하는 방법을 선택한다. 아직 자신의 체력이 예전보다 떨어졌다는 사실을 인정할 수 없기 때문이다. 그것은 곧 선수로서의 생명이 떨어졌다는 것을 의미하는 일이기도 하다.

그러나 계속 자신의 현재 상태를 인정하지 못하는 것은 문제다. 무리하게 연습을 하다 보면 체력 소모가 클 뿐 아니라 비현실적인 목표에서 벗어나지 못해 감정 소모도 커지게 된다.

정신분석학에서는 이런 상태를 '감정적 사고'로 설명한다. 감정적 사고란 객관적인 사실이나 논리에 근거하지 않고 감정적으로 추론하거나 결론을 내리는 것을 일컫는다. '나는 충분히 20대처럼 기량을 회복할 수 있어'라는 타자 B의 자신감은 어디까지나 감정에 의한 자신의 간절한 바람일 뿐이다.

이처럼 판단의 근거가 객관성이 아닌 주관성에서 비롯되는 감정적 사고는 문제 해결에 걸림돌로 작용하게 된다. 이럴 때는 자신의 현재 상태를 겸허하게 받아들이고 현재 상황에 적합한 이점을 최대한 활용하는 전략으로 선회하는 것이 현명하다.

실제로 나이 든 선수들이 20대 초반 선수들을 당당히 상대하는 경우가 있는데, 그 힘은 경험과 연륜에서 온다. 많은 시간을 투자해 얻은 경험과 연륜은 선수들에게 큰 재산이다. 훌륭한 선수일수록 경험과 연륜을 소중히 여기고 이용할 줄 안다. 연륜이 곧 결과이기 때문이다. 중요한 일의 결과가 어떻게 나올지 예측할 수 있다는 것은 과정과 동기를 더욱 강화한다.

과거의 경험을 바탕으로 미래에 어떤 상황이 벌어질지 미리 알고 있는 선수는 불안감이 줄어들면서 그만큼 능률도 오르게 된다. 이러한 선수는 나이 들어 체력이 떨어졌다는 사실을 기꺼이 받아들일 줄 안다.

내가 두려운 만큼
상대도 두렵다

야구에서 타자가 어떤 유형의 투수를 가장 두려워할까? 시속 150킬로미터가 넘는 강속구를 던지는 투수일까? 하루에 공을 120개씩 던져도 힘이 남아도는 체력이 좋은 투수일까? 아니다. 타자를 혼란스럽게 만드는 투수를 가장 두려워한다. 빠른 볼이 들어올 것 같았는데 느린 변화구를 날리고, 스트라이크를 던질 줄 알았는데 볼을 계속 던지는 투수와 같이 예측 불가능한 투수가 타자에게는 가장 어렵다.

공이 투수 글로브를 떠나기 전에 던지는 자와 받는 자 간의 미묘한 신경전과 전술이 펼쳐진다. 투수는 공 배합을 결정하고, 타자는 공 배합을 가늠한다. 결정과 가늠 사이에서 진땀 나는 승부가 시작되는 것이다.

이때 국보급 투수를 상대하는 타자라면 머릿속이 더 복잡할 수밖에 없다. 상대가 빠른 공을 던질 것이라고 예상하면서도 '그래도 혹시……' 하고 의문을 품게 된다. 스스로 자기 자신의 확신을 무너뜨리는 것이다. 이렇게 타자를 혼란스럽게 만드는 에이스 투수들은 공통된 비법을 가지고 있다. 그것은 자신의 입장이 아닌 타자의 입장에서 공 배합을 결정하는 것이다.

자기객관화하기

민석 씨는 한국을 대표하는 타자가 될 거라는 기대를 한 몸에 받는 선수였다. 그는 동체시력, 즉 움직이는 물체를 정확하고 빠르게 인지하는 시력이 뛰어날 뿐만 아니라 공을 방망이에 맞히는 재주도 남달랐다. 광속으로 날아오는 공의 구질을 파악해 방망이의 구도를 정해야 하는 타자로서는 유리한 조건을 갖춘 셈이다.

그런데 그는 결정적 순간에 타석에 들어서면 B급 투수의 공에 방망이를 휘두르다 어처구니없이 삼진을 당하는 경우가 많았다. 실전에서 평소 실력이 발휘되지 않으니 답답할 노릇이었다. 나는 면담을 통해 그가 겉으로만 자신이 경쟁력 있는 타자라고 생각하고 있다는 걸 알게 되었다. 그는 자신이 어떤 타자인지, 얼마

만큼 위력이 대단한 선수인지를 잘 모르고 있었다. 다시 말해 상대편 투수가 타자인 자신을 얼마나 부담스러워하는지 인지하지 못하고 있었다. 게다가 중요한 경기마다 실수가 반복되면서 스스로를 과소평가하고 있었다.

나는 그에게 투수의 입장이 되어보라고 제안했다. 그리고 경기에 임하는 상대 투수의 마음이 어떨지에 대해 많은 이야기를 나눴다.

"그 투수들이 겉으로는 아무렇지도 않다는 듯 표정을 짓고 있지만 속으로는 얼마나 조마조마하겠어요?"

"그렇겠죠. 그 사람들도 '내가 잘못 던지면 어떡하나, 저 선수가 예상치 않게 내 공을 잘 쳐내면 어떡하나' 싶을 거예요. 어쩌면 저 못지않게 큰 압박감에 시달리고 있을지도 모르겠네요."

그 후 그는 타석에 들어섰을 때 느끼는 부담감을 조금씩 줄여나갔다. 자신이 상대와의 대결에서 부담감을 느끼는 것만큼 상대도 그를 부담스러워한다는 사실을 받아들이게 된 것이다.

그는 왜 자신의 실력을 제대로 인지하지 못했을까? 프로의 세계에서는 자신의 실력을 과대평가하는 일 못지않게 과소평가하는 태도 또한 경계한다. 민석 씨와 같은 선수들은 겸손한 게 아니라 자신의 가치를 제대로 알지 못하는 것이다. 감독이나 동료에게 칭찬을 들어도 '으레 하는 말이겠지' 하고 흘려듣고, 기자나 상대편 코치진이 자신을 좋게 평가해도 '설마 내가 그 정도로 대단하겠어?' 하며 의심하기도 한다.

이런 선수들을 보면 이전에 몸담았던 소속팀의 성적이 우수해 자신의 특기나 기량을 확인할 기회가 많지 않았던 경우가 많다. 자기객관화를 할 수 없는 환경에서 선수 생활을 해온 것이다. 이럴 땐 경기에 자주 나설 수 있는 B급 팀으로 이적하는 것이 오히려 나을 수 있다. 선수 생명은 경기장에서 결정되지 벤치에서 결정되는 게 아니기 때문이다.

심리적 압박감 즐기기

나는 민석 씨에게 '저 투수는 지금 나를 두려워하고 있다. 이 경기는 내가 더 유리하다'라고 자기 자신에게 주문을 걸어보라고 조언했다. 이렇게라도 자신감을 불어넣으면 자신에게 유리한 상황으로 경기를 주도해나갈 수 있다. 상대가 객관적인 실력이 월등히 뛰어나다 해도 마인드 컨트롤을 통해 자신이 충분히 상대할 수 있는 선수라고 믿는 게 중요하다.

운동선수들은 심리적 압박감을 능수능란하게 사용할 줄 알아야 한다. 상대를 심리적으로 압박함으로써 상대의 신체적 컨디션을 깨뜨릴 수 있기 때문이다. 심리적 압박감을 받으면 갑자기 심장박동수가 증가하고 손과 이마에서 식은땀이 나는 등 신체적 긴장감이 생긴다. 특히 부담감을 느낄 때는 뇌에서 불안조절 신

나만 떨고 있을까? 입장을 바꿔 생각해보면 자신의 실력을
객관적으로 평가하게 되고 현실적 기대치를 갖게 된다.

경전달물질인 세로토닌의 불균형이 일어난다. 세로토닌은 적절한 양이 분비되는 것이 바람직한데 그 균형이 깨지면 지치게 되고, 신체에 좋지 않은 영향을 준다. 결국 심리적 부담감이 지는 게임을 하도록 만드는 것이다.

잘해야 한다는 압박감 때문에 평소 실력을 발휘하지 못한 경험이 누구나 있을 것이다. 평소 노력한 것만큼 시험 성적이 나오지 않아 공부를 아예 포기해버리는 청소년들을 종종 본다. 중요한 경쟁 프레젠테이션을 앞두고 극심한 심리적 부담감에 시달리다 상담하러 오는 직장인들도 꽤 있다. 나는 그들에게 야구 선수 민석 씨에게 권했던 것처럼 역지사지의 방법을 제안하곤 한다.

"함께 경쟁하고 있는 다른 사람은 어떨지 한번 상상해보세요. 당신보다 머리가 나쁘고 노력도 덜한 사람들은 과연 어떤 심정일까요?"

이처럼 입장을 바꿔 생각해보면 자신의 실력을 객관적으로 평가하게 되고 현실적 기대치를 갖게 된다. 그런데 재미있는 것은 이런 방법을 사용하면 기대했던 것보다 더 나은 결과를 얻게 된다는 사실이다.

떨리고 긴장되는 순간에 다음과 같은 생각을 떠올리면서 자신을 위안해보라.

'저 사람이 잘나봤자 얼마나 잘났겠어? 나보다 더 떨고 있을걸.'

'내가 실패할 확률만큼 상대도 실패할 확률이 높아.'

'나만 부족하다고 느끼는 건 아니겠지. 그건 다른 사람도 마찬가지일 거야.'

몸과 마음을 옥죄던 이유 없는 긴장감이 한결 누그러지는 것을 경험할 수 있을 것이다.

가슴이 콩닥거릴 만큼 긴장되는 상황에서는 몸도 내 뜻대로 움직여지지 않는다. '난 할 수 있다!' 하고 주문을 외워도 별 효과가 없다. 이럴 때는 우선 자기 자신에 대한 신뢰가 회복되어야 제 실력을 유감없이 발휘할 수 있다. 자기신뢰가 부족한 운동선수들에게 다음의 몇 가지 방법들을 제안한다.

1. 호흡을 천천히 가다듬는다

느리고 깊게 호흡하라. 호흡을 조절하면 불안한 마음을 어느 정도 진정시킬 수 있다. 그리고 현재의 주변 상황을 입체적으로 파악하고 정신을 집중하는 데도 도움이 된다.

2. 자기만의 시선 포인트를 정해둔다

'나는 전광판의 빨간불만 보면 집중이 잘된다. 지금 전광판의 빨간불이 선명하게 보인다.' 이런 식으로 자기만의 시선 집중 포인트를 정해두고 마음을 다잡는 훈련을 한다. 시각적으로 집중할 곳을 정해두면 딴생각이 들지 않기 때문에 불안감을 일시 정지시킬 수 있다.

3. 신호가 되는 짧은 단어를 사용한다

평소 연습할 때마다 머릿속으로 짧은 단어를 되뇌었다가 실전에 임할 때 그 단어를 되새겨보자. 긴장된 순간에 침착하게 제 실력을 발휘하는 골퍼들은 일종의 '큐 단어cue word'를 효과적으로 이용한다. 이들은 스윙에 문제가 있다고 생각되거나 혹은 어려운 코스를 만났을 때, 자기 자신에게 복잡한 주문을 하지 않는다. 그냥 '휙', '탁'과 같은 짧은 단어로 자신만의 신호를 보낸다. 장황하고 어려운 주문은 연습할 때나 하는 것이고, 시합할 때는 연습하면서 만들어놓은 아주 단순하고 쉬운 주문만 하는 것이 좋다.

나도 골프를 치다가 어려운 코스를 만나면 "휙~ 탁!" 하고 입으로 작게 소리를 내는데 그러면 스윙이 잘된다. 골프채를 휘두르고 공이 맞는 소리를 말로 표현한 것일 뿐이지만, 이 소리에는 공을 보고 휘두르고 맞히고 공이 멀리 나가는 느낌이 모두 담겨 있다.

또 다른 예로 야구 경기의 찬스 상황에서 진루타를 치려면 짧은 스윙으로 밀어 쳐야 한다. 그러기 위해서는 오른팔을 쭉 뻗고 무게중심을 뒤쪽에 둬야 한다. 이때 "오른팔" 혹은 "엉덩이" 하는 식으로 단어를 말하면 더 효과적으로 집중할 수 있다. 즉 '오른팔'이라는 단어 하나에 다른 행위들이 자연스럽게 연결되도록 하는 것이다.

4. 심리적 안정을 가져다주는 특정한 행동을 만든다

투수가 손에 송진가루를 바르고 공을 던지면 미끄럽지 않아 빠른 공을 던질 수 있다. 이처럼 스스로에게 확신을 가져다줄 수 있는 어떤 행동을 정해두면 심리적으로 안정된다.

5. 컨디션이 좋다고 생각한다

'나는 지금 컨디션이 아주 좋아'라고 생각하는 습관을 들이자. 몸의 상태가 언제나 최상일 수는 없다. 컨디션이 80퍼센트만 되어도 몸 상태가 아주 좋다고 할 수 있다. 설령 컨디션이 별로 좋지 않더라도 몸 상태가 좋다고 굳게 믿으면 실제로 컨디션을 회복하는 데 도움이 된다.

3장

마음의 감옥으로부터
나오는 법

부정적인 생각의 분리수거

　뛰어난 운동선수들은 완벽을 추구하지 않는다. 최고의 기량과 완벽한 운동 능력을 구분한다. 경기에서 보여줄 수 있는 최고의 기량은 가늠해보지만 완벽한 경기를 기대하지는 않는다. 다만 자신의 기량은 항상 보완되고 수정되어야 한다고 생각할 뿐이다. '지금까지 최고의 타율을 보였는데 내일은 타율이 떨어지지 않을까' 걱정하는 대신 '오늘은 어깨에 힘이 약간 들어갔으니 내일은 힘을 빼고 쳐야겠다'는 식으로 수정하고 보완해야 할 능력에 대해 고민한다.

　수정과 보완이라는 과정을 완벽하지 못한 상태로 인식하는 사람도 있다. 성공은 한 번의 기적이 아닌 점증적 노력과 시행착오

등 경험의 축적에서 발현된다는 것을 경험해본 적이 없기 때문이다.

"나는 지금까지 9천 번 넘게 슛을 실패했으며, 팀이 나를 믿어줄 때도 26번 이상 결정적 슛을 실패했다. 그렇게 실패하고 또 실패했다. 그것이 내가 성공한 이유다."

마이클 조던에게 실패는 성공을 이루기 위해 마땅히 겪어야 할 관문이었던 것이다. 성공과 실패는 행위에 대한 결과일 뿐이다. 사람들은 성공과 실패라는 결과만 인식하고 그 결과가 있기까지의 과정에는 관심을 두지 않는다. 바로 이 과정에서 0.1퍼센트의 집중력과 오차 범위를 줄이는 단서들이 발견되는데도 말이다.

부정적인 생각의 되새김질

긍정적인 생각을 가진 사람들은 문제에 맞닥뜨렸을 때 감정을 배제하고 의식적으로 대한다. 문제 해결을 위해서는 어디에 집중하고, 무엇을 포기하고, 어느 부분을 강화해야 하는지 아는 것이다. 의식적 대응이 가능하려면 문제를 감정적으로 대하지 않는 훈련이 필요하다. 감정의 과잉은 이성을 마비시키고 문제를 객관적으로 바라보는 데 방해가 될 뿐이다.

부정적인 사람과 긍정적인 사람의 차이는 '부정적인 생각의 되새김질'에 있다. 부정적이고 우울한 사람은 부정적인 생각을 되새기는 버릇이 있다. 이러한 버릇은 또 다른 감정을 처리할 때 나쁜 영향을 끼친다. 특정한 사건에 부정적인 영향을 주는 데서 그치지 않는다. 뇌는 슬픈 감정이나 부정적인 단어를 처리할 때 되새김질을 더 자주 하며 결국 뇌의 효율성을 떨어뜨린다.

실제로 정상인을 대상으로 기능성자기공명영상fMRI을 촬영한 연구에서 희망적인 얼굴 표정과 긍정적인 단어를 보여줄 때보다 슬픈 표정과 부정적인 단어를 보여줄 때 전두엽이 더 많은 에너지를 사용한다는 사실이 밝혀졌다.[10] 뇌가 부정적인 정보를 다른 단어와 감별하는 분리수거를 한다는 의미다. 이렇게 뇌가 에너지를 이용하면서 부정적인 생각을 굳이 분리하는 이유는 필요 이상의 되새김질을 줄임으로써 뇌를 효율적으로 만드는 자정 작용을 하기 위함이다.

과거에 얽매이는 습관 버리기

"왕년에는 저도 잘나갈 때가 있었죠. 그때는 아무 걱정이 없었어요. 그런데 지금은 경기에 나갈 때마다 걱정이 너무 많아요. 제대로 실력 발휘가 안 되면 어쩌나 불안하고 자신감이 없어요."

이러한 고민은 운동선수들만의 것이 아니다. 왕년에 반장, 줄반장을 안 해본 사람이 어디 있으며, 동네에서 수재라는 이야기를 안 들어본 사람이 어디 있겠는가. 하지만 지금은 자신감은커녕 존재감조차도 느끼기 힘들고 하루하루 꾸역꾸역 살아가는 이들이 많다.

50대 초반에 접어든 상진 씨는 외국계 기업에서 부장까지 하고 최근 명예퇴직을 신청했다. 물론 가족과 협의해 내린 결정이지만 퇴직을 한 달여 앞둔 시점에서 그의 마음은 하루에도 열두 번씩 왔다 갔다 한다.

"오전에는 밀물처럼 우울한 감정이 올라오다, 점심때가 되면 썰물처럼 사라져요. 저도 왕년에는 잘나갔는데, 어쩌다가 이런 신세가 된 건지……."

상진 씨를 가장 괴롭히는 것은 출근시간이다. 직장인들에게 출근은 하루를 시작하는 일종의 의식이다. 이 의식이 사라지면 상진 씨는 하루를 어떻게 시작해야 할지 답답했다. 자신의 삶이 하루아침에 '완벽한 세팅'에서 '미해결 과제'로 전락된 것처럼 느껴졌다. 퇴직을 결정한 뒤 상진 씨의 세상은 온통 회색빛으로 변했다.

이런 사람들의 특징 가운데 하나는 관심의 초점이 과거 전성기에 머물러 있다는 점이다. 자신의 존재가 빛났던 시절에 집착하는 사고의 특징을 '고착 현상'이라 한다. 고착fixation은 스트레스에 부딪힐 때 인격 발달 과정이 중단되는 상태를 말한다. 세월이 지나고 경험이 쌓이면서 각 단계별로 인격이 발달해야 하는데 그렇지 못하고 한 곳에 머물러 있는 것이다.

관중에게 환호와 갈채를 받았던 선수들, 회사에서 승승장구하며 능력을 인정받았던 직장인들, 한창 사업이 잘돼 남부러울 것 없이 살았던 사람은 필요할 때마다 과거를 꺼내보는 습관이 있다. 전성기를 회상함으로써 고단한 현실을 잊고자 하는 것이다. 그러나 이러한 습관이 현실의 문제를 해결해주는 것은 아니다. 위로가 되어도 잠시뿐이다.

　긍정적인 사람들은 자신의 전성기를 그리워하더라도 '그때도 해냈으니 이번에도 잘할 수 있을 거야' 하는 식으로 사고한다. 여기에는 중요한 포인트가 숨어 있다. 이들은 초점을 과거가 아닌 현재에 맞출 줄 안다는 것이다.

　나는 "무조건 긍정적인 사람이 돼라"라고 충고하고 싶지는 않다. 다만 긍정적인 사람의 사고방식과 그러한 사고방식이 왜 좋은 결과를 만들어내는지는 알아야 한다. 그만큼 인생을 살았으면 조금 영악해져도 된다고 말하고 싶은지도 모르겠다. 40대 정도면 놓을 땐 놓고 붙들 땐 붙들어야 기회도 빨리 얻을 수 있다는 걸 알 만한 나이다. 과거에 얽매이는 습관은 진화의 본성에도 역행하는 행위다.

균형 있는 삶에 집중하기

50대 중반의 여성이 초췌한 얼굴로 이렇게 말했다.

"저는 딱히 고민거리가 없어요. 그런데 왜 이렇게 우울하죠? 사람들은 저한테 배부른 소리 그만하라고 해요. 큰아이는 의대 다니고 둘째도 명문대 법학과에 들어갔는데 도대체 뭐가 걱정이냐는 거죠. 6년 동안 꼬박 아이들 뒷바라지만 하고 살았고요, 입시만 끝나면 마음도 편해지고 내 세상이 될 줄 알았는데 막상 닥치니 그렇지 않네요. 이제 뭘 해야 할지 모르겠어요."

40대 후반에서 50대 초반의 여성들 가운데 이런 우울증을 호소하는 경우가 꽤 많다. 모두들 자녀들을 대학에 보낸 뒤 "뭘 해야 할지 목표를 잃었다"라고 말한다. 이는 자기 자신을 '자식을 대학

보내는 사람'으로 명명하고 십수 년을 살아왔다는 뜻이다. 그렇게 살다 보니 새로운 목표가 생겨도 자녀들을 챙기는 것만큼 의미가 있지도 않고 하찮게 여겨져 자꾸 무력감에 빠지는 것이다.

무력감을 뜻하는 영어단어 중에 'helpless'가 있다. '도와주는 help' 삶이 '없어진다less'라는 의미의 단어 조합만 보더라도 무력감은 과업의 소멸에서 비롯된 것임을 짐작할 수 있다.

같은 이유로 우울증을 앓던 한 중년 여성이 있었다. 언제부터인가 상담하러 오지 않기에 안부를 물었더니 서예에 푹 빠졌다고 했다. 그녀는 처녀 때부터 서예를 배우고 싶었지만 그동안 자녀들을 뒷바라지 하느라 여유가 없었다. 그러다 최근에 친구의 전시회를 보고 온 뒤로 자녀들을 시집 장가보낼 때 직접 붓글씨를 쓴 병풍을 결혼 선물로 주고 싶다는 목표를 갖게 됐다고 한다. 얼마나 멋진 꿈인가.

자식 잘되길 바라는 것이 모든 부모의 마음이라지만 인생의 어느 시점이 되면 자식보다 자신을 더 사랑해야 할 시기가 찾아온다. 그 시기를 우리는 무엇으로 채울 것인지 미리 준비해놓아야 노년의 삶이 우울해지지 않는다.

목표가 사라진 이후

정체성과 목표는 조력 관계에 있다. 목표는 정체성을 유지하게 해주고 정체성은 목표를 강화해준다. 제대로 의식하지 못하지만 우리는 목표를 이루는 과정 속에서 삶을 채워나간다. 하나하나 배워나가는 즐거움을 경험하고 목표를 이뤘다는 뿌듯함을 느끼며 그 속에서 존재의 의미를 확인한다. 목표가 없어지면 우리의 삶은 힘없이 주저앉고 만다.

금메달을 딴 선수들도 비슷한 우울감에 빠지기도 한다. 고된 훈련을 통해 그토록 원하던 금메달을 목에 걸었는데, 그 후에 갑자기 목표가 사라진 듯하면서 우울해진다는 것이다. 심지어는 다음 대회나 경기를 생각해도 좀처럼 의욕이 생기지 않는다고 한다. 오랜 시간 '금메달을 따기 위한 선수'로만 살았기 때문이다.

스타 선수들은 이러한 무기력증을 예방하기 위해 '나는 ○○ 종목의 선수'라는 정체성을 만들어 운동하는 것을 즐긴다. 때로 관중의 환호를 마음껏 느끼고, 때로 자신의 기량이 성장하는 것에서 기쁨을 얻는다. 같이 운동하는 동료들과의 관계에서도 즐거움을 찾을 수 있다. 경기 성적도 중요하지만 운동 과정에서 경험하게 되는 모든 상황과 관계를 통해 다방면으로 활력을 얻는 것이 그래서 중요하다.

피겨스케이팅 선수로 최정상에 선 김연아도 새로운 목표가 없었다면 '올림픽 금메달을 딴 김연아'에 머물렀을 것이다. 하지만 그녀에게 금메달은 수많은 목표 가운데 하나일 뿐이었다. 그녀

하나의 목표에 매달리는 사람은 그것만 보고 있기 때문에
다른 것들을 바라볼 여유가 없고, 다른 즐거움을 찾을 수도 없다.

가 당당하게 "피겨스케이팅을 즐기고 싶다"라고 이야기할 수 있는 것은 금메달이라는 한 가지 목표에 매달리는 선수 생활이 자신의 삶을 얼마나 단조롭게 하고 부담감을 지우는지 일찍 깨달았기 때문이다.

행복해지고 싶다면 성공을 위해 앞만 보고 질주하기보다는 균형 있는 삶의 내용에 집중해야 한다. 성공의 방향은 대개 일직선이다. 그래야 고지에 빨리 오를 수 있기 때문이다. 하지만 일직선으로 달려 성공을 이룬 사람들은 그다음 방향이 조금만 틀어져도 혼란에 빠지게 된다. '이게 뭐지? 한눈팔지 않고 여기까지 올라왔는데 이제는 내려갈 일만 남았잖아?' 하는 허탈감이 밀려오는 것이다.

하나의 목표에 매달리는 사람은 오로지 그것 하나만 보고 있기 때문에 다른 것들을 바라볼 여유가 없다. 자신이 목표하는 일 이외의 삶에서는 즐거움을 찾을 수 없는 것이다. 하지만 균형 있는 삶을 추구하는 사람은 삶의 방식이 다르다. 이들은 다양한 삶의 목표를 즐길 줄 안다. 균형 있는 삶이란 다양한 목표들이 서로 조화를 이루는 가운데 앞으로 나아가는 것을 말한다. 우리는 A라는 목표와 함께 B라는 고지를 꿈꿀 수 있다.

두세 가지 목표를 세워보는 것이 그래서 중요하다. 서로 관련이 있는 목표들을 세운다면 예상외로 빨리 고지에 오를 수도 있다. 무력감에 빠져 있기에는 세상이 너무 넓고 할 일도 많다.

자기대상에 의미 부여하기

자기심리학을 발전시킨 하인즈 코헛Heinz Kohut은 정서적 생존을 위해 '자기대상self object'이 필요하다고 주장했다.[11] 자기와 객체object의 합성어인 자기대상은 자기 자신을 구성하는 일부를 의미한다. 부모와 자녀는 서로에게 자기대상이 된다. 워커홀릭에게는 일이 곧 자기대상이다. 이렇듯 자신의 삶에서 의식주보다 귀중한 것들이 자기대상이 된다.

자기대상을 가진 사람들은 굳이 크고 좋은 무언가를 획득하지 않아도 세상을 다 가진 사람처럼 충만한 삶을 산다. 자신이 가장 원하는 걸 소유하고 있다는 충만감이 다른 욕망을 없애기 때문이다.

그러나 무엇이든 한쪽으로 치우치면 부작용이 생겨나기 마련이다. 자기대상에 중독되어 목표를 우선하는 삶은 건강하지 못하다. 특히 정체성이 목표를 잠식하게 되면 외부 평가에 민감해진다. 승리에 대한 집착 때문에 자기 스타일을 잃고 최적의 대책도 세우지 못하게 된다.

따라서 목표를 세울 때는 무엇보다도 그 목표가 충분히 의미 있는 것인지 생각해볼 필요가 있다. 목표를 설정할 때 의미부여 과정이 빠지면 실천 의지가 약해진다. 의미가 목표를 이뤄야 할 이유가 되기 때문이다. '오늘의 안타가 어떤 의미가 있는가?', '오늘의 프레젠테이션이 우리 부서에 어떤 의미를 주는가?' 하고 질문을 던져보자. 이에 대한 답변이 분명해야 목표를 달성하기 위한 중요한 방법도 알게 된다.

목표는 막연한 희망보다 구체적인 믿음을 주는 게 좋다. 우리는 '희망'이라는 말을 참 좋아한다. 하지만 경우에 따라 희망이라는 말은 부족한 자신감이나 비현실적 소원을 의미하는 것처럼 들리기도 한다. '이렇게 저렇게 되었으면 참 좋겠다'라는 막연한 바람보다는 '앞으로 이렇게 될 것이다' 혹은 '일주일 내에 보고서 양식을 바꿀 예정이다'라는 식으로 자신의 목표에 믿음과 확신을 불어넣어보자.

위기 뒤 찬스
찬스 뒤 위기

　남자들이 열광하는 영웅사극의 공통점은 '고생 끝에 낙이 있고 위기 뒤에 찬스가 온다'는 것이다. 스토리를 살펴보면 처음부터 좋은 집안에서 태어나 별 탈 없이 무난하게 인생을 끝마친 주인공은 없다. 모두들 천한 신분이나 불행한 환경 등을 극복하고 성공한다. 성공하다가 실패하는 경우는 별로 없다. 순서상으로 보면 꼭 실패하다가 성공한다.

　영웅사극만큼 남자들이 좋아하는 야구 경기에도 이 순서가 등장한다. 야구 해설에서 가장 많이 나오는 말 가운데 하나가 '위기 뒤의 찬스'다. 무사 만루의 위기를 무실점으로 막은 팀은 다음 이닝 공격에서 어김없이 득점을 올린다. 이 장면을 본 야구선수나 팬들은 당연히 그럴 줄 알았다고 말한다.

위기 뒤의 찬스라는 말은 심리학적 관점에서 볼 때 매우 그럴 듯한 말이다. 인지심리학에서 볼 때 뇌에서 '큰일 났다'는 신호를 줄 때와 '이제는 위기를 벗어났다'는 신호를 줄 때의 신경들은 각각 다르게 반응한다. 즉 위기 상황이 되면 수비수들은 극도의 긴장 상태에 빠지게 되고 뇌에서는 '큰일 났다'는 신호를 온몸으로 전달한다. 위기 신호는 될 수 있으면 몸을 적게 움직이게 하고 위기 상황에 온 신경을 집중하도록 만든다. 당연히 근육은 수축되고 동작도 멈추게 된다.

선수들이 이런 신호를 받아들이면 평소 자연스럽게 이어지던 동작이 엉뚱한 행동으로 나오고 이는 곧 실책으로 이어진다. 하지만 무사히 위기를 넘기면 '살았다'는 심리적 안정감이 뇌로 전달되고 근육과 사고의 이완으로 이어진다. 이때 근육과 사고의 유연성은 수행 능력의 범위를 넓힘으로써 득점의 기회를 높이도록 해준다. 위기 뒤에 찬스가 많고 득점이 많은 이유는 이 때문이다.

전부가 아니면 전무

경기 중에 파울 볼을 맞고 발목을 다쳤다가 복귀한 선수가 있었다. 그는 2군에서 머물다 오랜만에 기회를 얻어 한 달 정도 1군에서 빛을 보다 부상을 당했다. 이제 야구가 좀 되는가 싶다고 생각하던 시점이었다. 그 선수는 부주의한 자신을 원망하며 재활 기간을 보내야 했다. 절망감을 이기지 못해 중간에 몇 번 야구를 그만둘 생각도 했지만 부모의 기대와 1군에서 잠깐 가졌던 희망 때문에 포기하지 않고 그 시간을 견뎌낼 수 있었다. 하지만 몸이 회복된 그는 전혀 기쁘지 않았고 예전처럼 야구에 대한 의욕이 생기지 않았다. 복귀 시점이 다가올수록 야구에 대해 어떤 마음을 가져야 하는지, 어떻게 준비를 해야 하는지 불안하기만 했다.

이 선수는 하나를 실패하면 다른 것들도 의미 없는 것으로 만들어버리는 '실무율적 사고all or nothing thinking'에 빠져 있는 상태였다. 이런 심리 상태에서는 "다 틀렸어. 모든 게 수포로 돌아갔어" 하면서 쉽게 좌절에 빠진다. 실무율적 사고에 빠진 사람들은 어떤 일을 완벽하게 해내지 못하면 다 소용없다고 생각한다.

그러나 실패란 경력이나 노력의 종말이 아니라 성공에 도달하기 위해 반드시 거쳐야 할 과정이다. 열심히 실패하면 성공할 확률도 높아진다. "실패는 성공을 등에 업고 있다", "실패는 성공의 어머니", "위기 뒤에 찬스가 온다"고 이야기하는 이유는 실패와 위기가 성공과 기회를 동반하기 때문이다.

위기 뒤의 찬스를 발견한 사람들은 쉽게 찾아볼 수 있다. IMF 외환위기에 부도가 난 뒤 밑바닥부터 다시 시작해 성공 신화를 써낸 사람도 있고, 교통사고로 얻은 장애 때문에 죽음까지 생각한 사람이 오히려 자신보다 어려운 사람들을 도우면서 행복하게 살기도 한다. 이는 자신이 어려울 때 주변을 돌아보며 느끼고 배운 덕분이다.

인생길에는 도로 위의 표지판처럼 가야 할 길을 안내해주는 표지판이 없다. 살다 보면 힘든 길에 서 있기도 하고, 어느새 성공의 길에 서 있기도 한다. 성공과 실패의 시작과 끝을 가늠하기 힘들다는 소리다. 지금 힘들고 어려운 시기를 보내고 있다면 "나는 이미 성공 길의 초입에 들어섰다"라고 생각하는 것이 좋다. 어려움이 없으면 변화도 없고 혁신도 없고 성공은 더더욱 없다.

아직 기회는 많다

의과대학에서 함께 공부한 친구 도현이가 어느 날 술 한잔을 걸친 뒤 한마디했다.

"흔히 인생을 살다 보면 세 번의 기회가 온다고 하잖아? 마흔이 되어서 보니 내게는 기회가 이미 두 번은 온 것 같아. 그렇다면 내 인생의 마지막 기회는 언제 올까?"

친구의 질문을 받고 나는 딴지를 걸었다.

"어떻게 벌써 기회를 두 번이나 만났어? 그 기회라는 게 꼭 그렇게 마흔 전에 온대? 예순이나 일흔에 오면 안 되고?"

병원 원장에다가 사랑하는 아내와 단란한 가정을 꾸리고 살고 있는 친구를 어렸을 때부터 보아온 터라 나는 친구의 행복들이 어떤 기회로 잡은 것이 아니라 당연한 것이라고 생각했다. 그래서 아직 한 번도 오지 않은 기회들은 더 의미 있는 것이어야 한다고 생각했다. 내가 그렇게 이야기하니 병원 경영 5년에 지쳐 있던 친구는 눈을 동그랗게 뜨며 "맞아! 내가 왜 그 생각을 못했지?" 하고 반색했다.

우리는 이제 평균수명 100세 시대를 살고 있다. 인생을 절반쯤 살았다고 꿈을 접어버리는 것은 자신의 가치와 목표를 지나치게 한정하는 것이다. 어쩌면 친구에게 기회가 오지 않을 수도 있다. 더구나 지금보다 사회적 가치가 더 큰 기회를 꿈꾸고 있다면 말이다.

친구의 꿈은 오십이 되면 가족과 함께 세계 일주를 하는 것이다. 사회적 측면에서 보면 세계 일주는 병원일과 비교했을 때 지극히 개인적일 수 있다. 대부분의 사람들은 병원 일에 더 큰 가치를 부여할지도 모른다. 하지만 세계 일주를 통해 얻게 될 기쁨과 새로운 삶의 의미가 친구에게는 더 큰 가치일 수 있다. 사회적 가치만큼 개인적 가치도 소중하고 중요한 것이기 때문이다.

스포츠에서도 '기회와 찬스'는 중독성을 갖게 한다. 그래서 언제 기회와 찬스가 올지 모르는 선수들과 관중들은 경기 내내 긴장하고 몰입한다. 흔히 야구는 9회 말 투아웃, 축구는 전후반 90분 경기가 끝나봐야 결과를 알 수 있다고들 말한다. 이 말은

9회 말 투아웃에도, 후반전 44분에도 기회와 찬스가 올 수 있다는 의미다.

점수가 나야 할 기회와 찬스에 점수가 나지 않은 것은 엄격하게 말하면 기회가 아니다. 단지 9회 말에 점수를 내기 위해 필요한 과정이었을지도 모른다. 축구의 전후반 89분도 마찬가지다. 경기 종료 1분 전에 터진 결승 골을 위한 시간이 되기도 하는 것이다. 사람들이 기억하는 명승부의 대부분은 경기가 끝날 즈음의 역전승이고 버저비터(경기 시간 마지막 종료 벨이 울릴 때 들어가는 골)다.

성공의 유무와 관계없이 내게 혹은 우리 팀에 아직 기회가 많다고 있다고 생각해보자. 새로운 목표와 희망을 만들 수 있는 좋은 방법이 될 것이다.

독립하지 못하는
어른 아이

　경기에 참여할 때 선수들은 철저히 혼자가 된다. 훈련할 때는 동료들과 감독, 코치의 지시에 따라 움직이지만 경기를 할 때는 자신의 판단 아래 움직여야 한다. 경기 중간에 주어지는 작전 시간이 있기는 하지만 승패가 걸려 있는 급박한 상황에서 감독의 지시를 받고 움직일 수 있는 가능성은 그리 많지 않다. 결국 훈련을 통해 쌓아올린 실력을 발휘해야 한다. 감독의 지휘 아래 움직였던 의존성을 버리고 독립성을 찾아야 하는 것이다.

　훈련할 때 자신의 플레이를 만들지 못하는 선수는 시합 때도 제대로 플레이를 하지 못한다. 이런 선수는 감독의 지휘 아래 수동적으로 움직이는 로봇과 같다. 은퇴시기를 앞두고 슬럼프에 빠진 선수들은 종종 카리스마 있는 새로운 지도자를 찾고 싶어 한다. 이런 선수들은 의존성의 문제를 갖고 있다고 볼 수 있다.

타인에게 의존하는 사람들

스포츠나 인생을 즐기려면 의존성이 극복되고 독립성이 확보되어야 한다. 잘 안 풀리는 문제를 이리저리 고민하며 풀었을 때의 즐거움은 누구나 한두 번씩 경험해봤을 것이다. 자신이 직접 풀었다는 쾌감과 함께 그 결과물이 온전히 내 것이 된다. 스포츠 감독과 코치들은 나이 어린 선수들이 의존성에 문제가 많다고 한마디씩 한다.

"요즘은 합숙이다, 강화 훈련이다 하면 벌써 얼굴부터 찡그리고 난리도 아니에요. 심한 소리라도 하면 금세 부모님들 귀에 들어가 항의 전화가 옵니다. 요즘 아이들은 신장과 체중만 좋지 정신력은 어린아이 수준이에요."

나는 현장에서 이런 이야기를 자주 듣는다. 특히 예전과 달리 한 자녀 가정이 많다 보니 자식을 떠받들면서 키우는 부모들이 많다. 집에서 왕자님, 공주님으로 대우받으며 살던 아이들은 단체 생활에서 조금이라도 대접받지 못하거나 자존심이 무너지면 견디지 못한다. 문제가 생기면 스스로 해결할 생각은 안 하고 다른 사람의 결정에 의존하거나 혹은 책임을 물으려는 의존형 선수들이 많다. 몸은 어른인데 정신세계는 응석받이 꼬마 수준인 '어른 아이'들인 것이다.

이런 현상은 대상관계이론object relationship theory을 통해 설명될 수 있다. 인간은 성장하면서 부모, 선생님, 친구, 연인 등 다양한 대상들과 만나게 된다.[12] 이는 곧 그들과의 관계를 내재화하는 일이기도 하다. 가령 갓난아이는 엄마를 아예 삼켜버리고 싶어 하는

'함입incorporation'의 욕구를 갖기도 하는데 이는 엄마를 늘 자신을 먹이고 재우고 안아주는 대상으로 여기기 때문이다. 이를 '단순 대상 내재화'라고 한다.

이 과정을 거쳐 성장하게 되면 아이는 엄마와 좋은 감정뿐만 아니라 서운한 감정도 공유하게 된다. 그리고 어느 날부터 무조건 자신을 향해 웃어주고 사랑해주었던 엄마가 다른 감정으로 자신을 대할 수도 있다는 걸 체감하고, 이제는 단순 대상 내재화를 넘어 엄마와 가졌던 다양한 감정까지 내재화하게 된다. 이를 '내재화된 표상으로 변환된다'라고 말한다.

이렇듯 아이는 엄마부터 시작해 점차 친구, 배우자로 내재화 대상을 확대해나간다. 그런데 이 과정에서 엄마의 지나친 간섭과 과잉보호가 오히려 자녀의 다양한 관계 및 심리 발달을 지연시켜 성인으로서의 역할을 못하게 한다. 독립심이 길러지지 않은 아이가 사회라는 거친 무대에 내던져지는 것이다.

이런 사람들이 바로 의존성 문제를 갖고 있는 사람들로, 두 가지 유형으로 나누어진다. 타인에게 무조건 의존하는 사람이 있는가 하면, 자신에게 좋은 말을 하는 사람에게 의지하는 사람이 있다. 전자가 상대에게 의존함으로써 안정감을 찾는 유형이라면, 후자는 자신을 질책하고 비난하는 사람과는 담을 쌓으면서 선별적으로 의존하는 유형이다. 두 유형 모두 누구에게 의존하지 않고서는 살아갈 수 없는 어른 아이다.

인생의 주도권 되찾기

자율성이 부족한 사람일수록 타인에게 의존하는 경향이 높다. 이들은 타인의 통제권 아래 안정을 얻는 대신 타인의 욕망을 실현하는 주체로 활동한다. 일종의 협상을 맺는 것이다. 그러나 다른 사람 때문에 늘 좌지우지되는 삶이 행복할 리 없다. 내 인생에서 내가 '갑'이 아니라 '을'의 입장에 있는 것이다. 그렇다면 자기 인생의 주체가 되려면 어떻게 해야 할까.

무엇보다도 '타인에게 의존하는 삶이 예상외로 안전하지 않다'는 사실을 깨달아야 한다.

타인에게 의존하는 삶이란 마치 어린아이가 엄마 품에 안겨 모든 것을 제공받기를 바라는 삶과 같다. 하지만 아무리 애정이 넘치는 엄마라 해도 아이와 엄마는 별개의 인격체다. 다시 말해 이원적 관계인 것이다. 이런 관계는 초기에는 안정감을 주지만 이원적 관계라는 한계성 때문에 오래가지 못한다.

이런 상황이 계속되다 보면 아이는 분노와 공포를 느끼는 상태까지 나아가게 된다. '엄마와도 이렇게 불편한 일이 자주 생기는데 다른 사람들이라면 더 심하겠지? 어쩌면 나를 받아주지 않을지도 몰라. 그들에게 거절당하면 어쩌지?' 하는 두려움으로 확대되는 것이다.

누군가에게 예속되어 있을 때 오는 불편함은 그 예속으로부터 벗어나야 한다는 경고와도 같다. 이러한 신호는 독립된 삶을 시작했을 때 오는 공포와 맞서 싸운다.

다음으로 독립성을 회복한다는 것이 어떤 의미인지 정확히 알아야 한다.

독립성은 뭐든지 혼자 해내는 능력이 아니다. 심리학에서 말하는 독립성이란, 내 안에 자리하고 있는 대상과 긍정적 혹은 부정적 사건을 경험하면서 선별적으로 대상을 내재화하는 것을 의미한다.

선별적으로 대상을 내재화할 수 있게 되면 대상에 대한 경험과 관계만을 남겨두고 의존했던 대상으로부터 독립이 이루어진다. 무기력증을 '엄마의 자궁에 중독된 상태'라고 설명하기도 한다. 대상에 중독되어 무기력해진 사람들의 공통적인 특징은 머리끝부터 발끝까지 상대가 받아주지 않으면 극도의 불안 증세를 보인다는 점이다.

공항에서 관제사로 일하는 30대 후반의 남성이 상담을 요청한 적이 있다. 그는 자신이 직장에서 자리 잡을 수 있도록 도와준 선배가 이민을 가는 것 때문에 몹시 힘들어했다. 그 선배가 있었기에 관제사로서의 일도 무리 없이 해냈는데 막상 선배가 떠난다고 하니 불안감이 극도로 높아진 것이다.

더구나 선배가 이민이라는 중대사를 결정할 때 자신과 한마디 상의도 없었다는 사실에 큰 충격을 받은 상태였다. 처음에는 '선배에게 내 의견은 중요하지 않았구나. 결국 이렇게 각자 자기 인생을 사는 건가?' 하는 생각이 들었다고 한다.

그로서는 선배에 대한 의존성이 한꺼번에 무너지는 순간이었던 것이다. 나는 그 순간을 그 선배에게서 독립할 수 있는 절호의 기회로 삼았어야 한다고 그에게 조언했다. 타인에게서 독립해야 더 이상 상처받지 않는 삶을 살 수 있다.

마지막으로 독립의 시도를 방해하는 사람과는 물리적인 거리를 둬야 한다.

독립을 하고 싶어도 막상 실천에 옮기지 못하는 가장 큰 이유는 그 사람의 독립을 원하지 않는 상대 때문이다. 어렸을 때는 부모가 그랬고, 커서는 또래 친구, 상사와 같은 대상들이 그 역할을 한다.

이들은 대상을 물심양면으로 보살피며 그 대가로 자존감을 보상으로 받는다. 그런데 어느 날 갑자기 자기 품속에 있던 대상이 독립을 한다고 하니 패닉 상태에 빠질 수밖에 없다. 보살핌을 원하는 사람만큼 보살핌을 주는 사람 또한 대상에 의존하고 있었던 것이다.

그들은 대부분 "내가 널 어떻게 키웠는데!", "다른 사람도 아니고 네가 나한테 어떻게 이럴 수 있어"라며 감정적인 협박까지 한다. 이러한 상황으로 확대되면 그 대상은 그 사람에게서 빠져나오기 힘들다.

이런 상황을 미리 방지하기 위해서는 의존적인 사람들과 점진적으로 물리적 거리를 두는 것이 좋다. 만남의 횟수를 줄이고 가끔 만나더라도 '당신만 한 사람이 없다'는 사실을 주지시켜 안정을 찾도록 도와줘야 한다.

가장 중요한 것은 상대에 대한 배려가 아니라 '이제 난 혼자서도 충분히 살아갈 수 있다'는 의지를 갖는 일이다.

왜 함께 있어도
외로운 걸까

　김 팀장은 점심때만 되면 직원들 앞에서 빨리 밥 먹으러 가자고 시위를 한다. 그는 색다른 메뉴를 기대했던 부하 직원들의 로망을 빼앗아버리고, 오늘도 어김없이 ○○식당에서 전 팀원들과 함께 김치찌개와 계란찜, 제육볶음을 먹는다. 그러면서 자신이 부하 직원들에게 먹는 것 하나만큼은 기막히게 잘 챙겨주는 상사라고 생각한다. 동시에 부하 직원들이 자신을 예우해주길 은근히 기대한다.

　하지만 부하 직원들은 김 팀장의 호의가 부담스러울 뿐이다. 바로 김 팀장의 의존성 때문이다. 김 팀장의 의존성은 비난할 수 없는 호의로 포장되어 있기 때문에 거절하기가 더욱 힘들다. 의존성은 불안과 연관되어 있는데, 불안을 들키고 싶지 않은 사람들은 자신의 불안을 잘 포장한다. 내가 상대에게 호의를 베풀 때 상대가 편하게 느껴야 진정한 배려다. 상대가 부담을 느낀다면 의존을 통한 자신의 불안 해소에 지나지 않는다.

관계에 서툰 사람들

만약 당신이 어떤 제의를 했을 때 부하 직원들이 이런저런 핑계를 댄다면 그들에게 부담을 주고 있는 건 아닌지 고민해봐야 한다. 부하 직원들이 무조건 '예스'라고 할 때도 마찬가지다. "팀장님, 오늘은 힘들겠는데요"라고 상황을 이야기하고 이해를 구하는 관계가 호의와 배려를 나눌 수 있는 건강한 관계다.

스포츠에서도 마찬가지다. 상대를 챙긴다는 것이 부담인지 배려인지 구분해야 한다. 선수들이 감독이나 코치의 말에 무조건 복종하는 것은 부담스럽다는 증거다.

물론 어머니 아버지 같은 코치들이 있다. 마치 아이에게 주먹을 맞고 일부러 아픈 표정을 지어주는 아버지처럼 선수들에게 인간적인 모습을 보여주는 코치는 인기도 많고 존경도 받는다. 이런 코치는 권위적이지 않으며 선수들이 자연스럽게 다가올 수 있도록 문을 열어둔다. 프로 스포츠에서 외국인 감독과 코치가 인기 있는 이유는 실력 때문만은 아니다. 어눌한 한국말과 문화 차이로 일어날 수밖에 없는 엉뚱한 행동들이 선수들에게는 오히려 편안하고 자연스러운 매력으로 느껴지기 때문이다.

매일 똑같은 패턴으로 생색을 내는 팀장보다는 때로는 한두 명, 때로는 부서 전체를 챙겨주는 팀장이 더 고맙지 않겠는가. 이런 팀장이 비 오는 날 우중충한 중국집에서 혼자 자장면을 먹고 있다면 다가가 그 옆에 앉고 싶어질 것이다.

한편 김 팀장과 같은 팀의 남 대리는 자신과 친한 몇몇 사람이 아니면 함께 식사하기를 꺼린다. 그는 김 팀장이 식사하러 가자고 할 때마다 죽을 맛이다. 재미있는 것은 남 대리가 서먹서먹한 동료들과의 점심을 피하기 위해 거래처 사람들과 점심 약속을 잡는다는 사실이다. 거의 매일같이 얼굴을 보는 동료들과의 식사조차 꺼리는 사람이 몇 번 얼굴을 보지 못한 거래처 사람들과는 별 어려움 없이 식사를 한다? 상당한 모순이다.

사실 남 대리는 사적인 대화를 힘들어한다. 남 대리에게 거래처 사람은 업무로 만난 사이이므로 공적인 주제만으로도 얼마든지 대화가 가능하다. 할 이야기만 하면 되므로 크게 힘들지 않다. 남 대리는 상대에게 자신의 속내를 내비치는 것도 싫을 뿐더러 남의 속사정 따위도 알고 싶지 않다. 말 한마디로 누군가를 다치게 하고 싶지도 않고 자신 역시도 상처받고 싶지 않다. 그는 기본적인 예의를 갖추고 대화를 나누면 그만이라고 생각한다. 그래서 호들갑스러운 김 팀장과 식사를 하면서 스트레스를 받느니 차라리 혼자 밥 먹는 게 편하다.

인생의 폴더가 비어 있다는 상실감

김 팀장처럼 타인에게 의존하는 사람이나 남 대리처럼 타인에게 마음을 열지 않는 사람은 똑같이 외로운 사람이다. 김 팀장은 오로지 현재의 불안 요소를 불식시키는 데 에너지를 집중할 뿐이다. 그에게는 당장 점심을 같이 먹을 사람이 필요하고, 퇴근하면 외롭지 않게 함께 소주 한 잔을 기울일 상대가 필요한 것이다. 상대는 그저 나를 위해 필요한 도구일 뿐이니 누구라도 괜찮다. 외로울 수밖에 없는 사람의 전형적인 유형이다.

반대로 남 대리는 상대에게서 자신을 격리한다. 그가 타인과 관계를 맺을 때 가장 신경 쓰는 일은 물리적 거리를 확보하는 것이다. 다른 사람을 만날 때면 일정한 거리를 둔 채로 상대가 선을 넘어오지 못하도록 막는다. 아이러니하게도 사람을 많이 만나는 직업을 가진 사람들에게서 이런 성향을 자주 볼 수 있다.

두 사람의 공통점이 있다면 오로지 자기몰입 상태에 놓인 '자폐시기autistic phase'에서 벗어나지 못하고 있다는 사실이다. 자기 영역 안에 사로잡혀 있는 이 시기를 벗어나지 못하고 있는 사람은 타인과의 관계보다 자신의 생존에만 신경을 쓰기 때문에 쉽게 마음을 열지 못한다.

2010년 노르웨이에서 시행된 외로움을 포함한 내적 갈등에 대한 연구는 매우 흥미로운 결과를 보여줬다.[13] 대상은 가정에서 학교를 다니는 학생과 기숙사에서 학교를 다니는 고등학생 5천여 명이었다. 연구팀은 기숙사에서 학교를 다니는 학생들에게서 외롭다는 답변이 더 많이 나올 것으로 예상했으나 정반대의 결과가 나왔다. 이들은 학년 초에 잠시 외로움을 겪기는 했지만 집에서 학교를 다니는 학생들처럼 금세 안정을 되찾았다.

결국 외로움의 문제는 집이나 기숙사와 같은 장소에서 오는 것이 아니라 가족 간의 관계, 자아존중감, 미래 계획 등과 관련 있다는 사실을 보여주는 연구 결과였다. 이 연구는 인간의 외로움은 '현재 누구와 함께하는가'와 관련이 있는 게 아니라 독립심, 자신감, 목표와 같은 '나와 관련한 이슈'가 더 중요하다는 사실을 잘 알려주고 있다.

먹고사는 게 최대 목표가 되어버린 한국 사회가 외로움에 질식해 있는 이유도 '주변에 사람이 없어서' 혹은 '기댈 곳이 없어서'가 아니다. 대상의 부재가 아닌 내 인생의 폴더가 비어 있다는 상실감이 더 큰 원인이다.

기다림의 미학

이제 더 이상 운동을 할 수 없다며 절망에 빠진 고등학교 2학년 수영선수가 병원을 방문했다. 지난 2년간 잠도 제대로 못 자고 남들 다 쉬는 명절에도 혼자 수영장에 나가 연습한 선수였다. 그는 밥 먹는 시간조차 아까워 김밥으로 끼니를 때우면서 훈련에 매달렸다. 하지만 노력한 만큼 결과가 따라주지 않았다. 사람들은 그에게 수영은 그저 열심히만 한다고 되는 게 아니라고 말했다. 경력이 쌓이면서 요령이 늘어야 대회에서 입상도 하고 좋은 성적을 올릴 수 있다고 조언했다.

상담을 하면서 이 선수가 대인관계에서도 적지 않은 스트레스를 받고 있음을 알 수 있었다. 그는 사람을 사귈 때 한 사람에게 깊이 빠져드는 성향이 있었다. 주변에서는 "그렇게 너무 가까이 다가가면 상대가 부담스러워 할 수 있으니 어느 정도 거리를 두라"고 충고했지만, 그는 일단 좋아하는 친구나 선배가 생기면 과할 정도로 베풀었다. 용돈이 빠듯해 밥도 못 사먹으면서도 친구에게 택시비를 챙겨주고 매일 수차례 전화를 걸어 안부를 확인했다. 그러고는 상대가 조금이라도 자신을 멀리하는 것 같으면 친구가 자신을 배신하려 한다며 속상해했다.

이 선수는 일방향의 신호등만 가지고 있다. 건강한 관계는 상대와 주고받는 가운데 형성되는데 이 선수는 자신의 의도와 타이밍만으로 관계를 유지하려 했다. 운동을 할 때 상대가 보내는 신호를 파악하고 그에 맞춰 움직여야 좋은 경기를 펼칠 수 있다. 이러한 신호를 무시한다면 마치 교통신호를 지키지 않는 폭주

자동차와 같게 된다. 빨간불이 켜지면 잠시 멈춰 기다리고 좌회전 신호가 켜지면 다음번에 직진 신호가 나오리라 예상하며 다음 움직임을 준비하는 운전자와 같은 자세가 운동선수에게도 필요하다.

교통신호를 지키지 않는 많은 운전자가 그렇듯, 상대의 신호를 제대로 읽지 못하는 선수들은 이유 없이 마음만 급하다. 급하다면 급한 이유가 있어야 하는데 이들에게는 딱히 특별한 이유가 없다. 초록불이 꺼지고 노란불이 켜지는데도 위험을 무릅쓰고 성급히 달려가는 운전자처럼 급하게 공격할 이유가 없는데도 서두르다 실수하는 선수들이 많다.

대인관계에서든 운동에서든 우리는 소위 '기다림의 미학'을 새겨볼 만하다. 기다림의 미학을 아는 사람은 상대가 보내는 신호를 살피고 거기에 맞춰 움직인다. 그리고 상대에게 가까이 다가갈 수 있는 혹은 공격할 수 있는 타이밍을 파악한다.

부러움은
아름다운 자극제

20대 후반 여성 직장인이 신입사원 때문에 극심한 스트레스를 받고 있다며 나를 찾아왔다.

"여자 후배가 새로 들어왔는데 한눈에 봐도 예쁘고 화려한 외모를 가진 친구예요. 그런데 갓 들어온 신입이면서 지각도 자주 하고 힘든 상황에선 항상 잘도 빠져나가요. 가만 보면 자기 외모를 믿고 그러는 것 같아 얄밉더라고요. 동료들과 상사는 무조건 그 친구를 두둔하고 챙겨주는 거예요. 저는 지금까지 그 많은 양의 업무를 한마디 불평도 없이 묵묵히 해왔는데 어떻게 이럴 수 있죠? 어떨 때는 정말 '치사하게 이렇게 살아야 하나? 확 성형수술이나 해버려?' 하는 생각이 들어요."

병원을 찾는 환자 중에는 이 여성처럼 자신을 남과 비교하면서 괴로워하는 사람들이 꽤 많다. 겉으로는 짐짓 태연한 척하지만 정작 마음속으로는 끊임없이 비교하는 일을 멈추지 못하고 힘들어한다. 그런데 이들의 이야기를 들어보면 대부분 말도 안 되는 비교를 하는 경우가 많다.

나는 이 여성과 면담을 하면서 그녀가 다른 사람에 대한 생각을 너무 직선적으로 표현하는 습관이 있다는 걸 알게 되었다. 동료들이 신입사원만 편애하고 그녀에게 무관심한 것이 아니라 그녀의 직접적인 표현 때문에 다들 그녀를 피하고 있는 것이었다.

나는 이 여성에게 최대한 간접적으로 표현하는 방식을 권하면서, 다른 사람의 이야기를 많이 들어주고 받아들이며 몇 개월 동안 대인관계에 각별히 신경을 써보라고 제안했다. 그 후 그녀는 변하기 시작했다. 그리고 대인관계의 기술이나 대화법에 관심을 갖기 시작했다. 당연히 신입사원을 대하는 태도도 편해지면서 피해의식과 스트레스에서 벗어날 수 있었다.

건강한 비교

운동선수도 비교 대상을 어디에 두느냐에 따라 비교가 수행 능력에 방해가 되기도 하고 도움이 되기도 한다. 야구에서 발 빠른 타자가 힘센 타자의 홈런 개수를 부러워하는 경우가 종종 있다. 축구에서 최종 수비수가 공격 포인트에 욕심내고 그것을 타인과 비교하는 일도 많다. 자신의 기량과 발전 가능한 역량이 무엇인지, 어디에 중점을 두고 노력해야 하는지 아는 것은 매우 중요하다. 제대로 된 비교는 자신의 역량을 정확히 파악하는 데서 출발한다.

나는 상담을 할 때 가끔씩 이런 질문을 던진다.

"왜 내 것은 안 챙기고 남의 것만 열심히 챙기세요?"

그러면 사람들은 눈이 휘둥그레진다. 비교나 질투에 대해 잘 생각해보자. 상대가 얻은 욕망이나 가치는 애초부터 내 것이 아니다. 내가 아무리 상대를 미워하고 증오해도 상대의 자원이 줄어들 리 없다. 타인의 인생을 바꿀 수 있는 전지전능한 능력이 우리에게는 없다.

하지만 사회적 동물인 인간은 자연스럽게 남과 비교를 할 수밖에 없다. 그러므로 우리 삶에서 비교나 질투는 유무의 문제가 아니라 사용의 문제가 되어야 한다. 비교와 질투를 어떻게 나에게 유리하게 사용하느냐가 성공의 열쇠가 되는 것이다. 나를 발전하게 하는 '건강한 비교'는 시기심과 다르다.

모든 것을 다 갖고 싶은 사람은 아무것도 갖고 싶지 않은 사람이다. 무언가를 갖고 싶다는 욕망의 '주어'를 구체적으로 정해보자. 내가 원하는 목표를 먼저 획득한 선배나 상사가 있다면 그를 시기하기보다는 내 멘토로 정하는 것도 좋은 방법이다.

부러우면 지는 거다?

시기심은 상대의 재능, 가치, 욕망을 파괴하고 싶어 하는 정서
적 폭력일 뿐이다. 이는 자기 자신에게도 전혀 도움이 되지 않는
다. 반면 자신이 달성하고 싶은 기록이나 실적을 내는 대상을 멘
토로 삼으면 상대의 재능이나 실력을 닮으려는 노력을 기울이게
된다.

"저 사람이 저렇게 연습해 좋은 경기를 펼쳤구나. 나도 체계적
으로 연습량을 조절해야겠어."

"김 과장은 메모하는 습관 때문에 핵심을 잘 짚어낸다. 나도
그런 습관을 길러야지."

이렇게 다짐하며 상대의 장점을 시기하지 않고 인정하면 어느

순간 상대를 닮고자 하는 자신의 모습을 보게 된다.

그렇기 때문에 "부러우면 지는 거다"라는 말은 틀렸다. 나는 반대로 말하고 싶다. "안 부러우면 지는 거다." 타인을 부러워하지 않는 것은 욕망이 없거나 자신보다 못한 사람들하고만 관계를 맺으며 우물 안 개구리로 살고 있다는 방증이다.

부러움은 더 큰 세상, 새로운 기회를 열어줄 원동력이 된다는 점에서 곁에 두어야 할 심리적 자원이다. 특히 스포츠 선수들에게 "부러우면 지는 것"이라는 말은 현실적이지 않다. 이들이 경기에서 죽을힘을 다해 뛰는 이유는 건강한 질투, 즉 부러움이 있기 때문이다. 라이벌의 경기력과 노력을 질투하면서 자신의 역량을 높이려는 동기를 만들어주는 부러움은 아름다운 자극제다.

마음속에는 괴물이 산다

어떻게 일을
즐길 것인가

"숫자에 제 영혼을 내준 느낌이 들어요. 이제는 투자 리포트 쓰기가 겁나요."

성민 씨는 모두가 부러워하는 증권사 리서치센터에 입사해 주식시장을 분석하고 리포트를 작성하고 있다. 그 리포트를 기준으로 투자가들이 투자 결정을 한다는 점에서 리서치센터는 증권사에서도 꽃이다. 성민 씨 역시 자신이 경제나 증시에 영향력을 행사하는 일원이 되었다는 자부심 때문에 일이 고되고 힘들어도 견딜 수 있었다.

하지만 요즘은 출근해서 컴퓨터를 켜는 순간 스트레스가 밀려오고 증시 창만 봐도 가슴이 답답하다. 아침마다 마이너스 성적표를 받는 것 같아 자책감이 들기 때문이다. 게다가 최근 회사에선 투자가 유치가 어려워지자 직원들에게 1인당 한 명씩 신규 펀드 계좌를 개설해올 것을 요구했다. 하고 싶지 않은 일까지 해야 하니 그의 스트레스는 극에 달한 상황이었다. 직장인이라면 누구나 이와 비슷한 스트레스를 호소한다.

직장인들만 이런 심리적 고통을 겪는 것은 아니다. 15년 차 전업주부인 영란 씨도 스트레스가 많았다. 그녀는 아이가 어느 정도 커서 자신의 손길이 덜 필요해지자 취미로 퀼트를 시작했고 시간 가는 줄 모를 정도로 푹 빠져들었다. 미술대학을 나온 그녀는 손재주가 남달라 다른 수강생들보다 진도도 빨랐고 강사의 관심을 독차지했다.

그렇게 퀼트를 배운 지 2년 만에 영란 씨 작품은 사람들의 관심을 끌면서 높은 가격에 팔리기 시작했다. 주문량이 많아지자 작은 가게도 냈다. 그런데 가게 오픈을 준비하는 6개월 동안 영란 씨는 엄청난 스트레스를 받았다. 상권이 좋은 곳에 가게를 열다 보니 임대료가 만만치 않았고, 비싼 임대료를 생각하면 장사가 더 잘되어야 했다. 이런저런 부담감 때문에 취미로 시작한 퀼트는 이제 스트레스를 주는 일이 되어버렸다.

성민 씨와 영란 씨 모두 일에 대한 이야기로 면담이 진행되었다. 최고 위치에서 최고 생산물을 만드는 일은 '즐거움'보다는 책임이 따르는 '부담감'에 더 가깝다. 두 사람은 자신들이 일을 즐긴다고 생각했지만 엄밀히 말하면 일이 아니라 생산물에 대한 사람들의 갈채와 관심을 즐기고 있었던 것이다.

일을 즐긴다고 믿고 있지만 결과나 성과가 기대에 미치지 못했을 때 일에 대한 회의감이 밀려온다면, 이전의 컨디션으로 돌아가는 데 오랜 시간이 걸린다면, 당신은 일이 아닌 성과를 통한 다른 사람의 관심을 더 즐기고 있는 것이다.

'외부 평가'와 '자기 평가' 사이의 균형

일을 즐긴다는 것은 '외부 평가'와 '자기 평가' 사이의 균형에 달려 있다. 외부 존재에 대한 과대평가 혹은 자기 자신에 대한 평가절하는 심리학자 로널드 페어베언Ronald Fairbairn이 말한 '과도기적 의존 단계'에서 일어나는 정신병리로 설명할 수 있다.[14] 페어베언은 공포증, 강박증, 히스테리, 편집증이 아이들의 마음에서 내적 혹은 외적 대상의 과도한 수용과 거절의 과정을 거쳐 나타난다고 주장했다.

공포증은 외부 대상에 대한 도피와 복귀에 사이의 갈등이다. 아이가 엄마에게서 떨어져나가려 하면서 느끼는 분리 공포와 엄마 속에 완전히 갇혀버릴지도 모른다는 공포 사이에서 이러지도 저러지도 못하는 상황을 일컫는다.

강박증은 자기 안에 있는 대상의 배설과 보유 사이의 갈등이다. 아이가 자기 안에 있는 대상을 축출해 공허해질까 봐 아니면 그것을 보유하다가 터져버릴까 봐 두려워하는 불안이다.

히스테리는 외부 대상을 강렬하게 수용하고 자기 자신을 지나치게 경시하는 감정 상태를 말한다. 이러한 사람들은 언제나 외부 대상을 과대평가한 나머지 다른 사람이 모두 잘난 것처럼 보인다. 그렇기 때문에 외부의 시선에 관심이 많으며 그들에게 인정을 받으면 기분이 좋아진다.

편집증은 외부 대상을 자신을 박해하는 사람으로 여겨 강하게 거절하고 자기 자신을 매우 소중히 여기며 수용하는 감정 상태를 말하는 것이다.

외부 대상을 지나치게 의식하면 자기를 잃은 채 다른 사람의 인정에 목말라할 것이다. 반대로 자기 자신에게만 집중한다면 자신의 생각과 행동에 책임을 지지 않고 외부 대상에게 책임을 전가하거나 비난하게 된다.

결국 외부 대상에 지나치게 신경 쓰게 되면 공포증이나 히스테리처럼 외부 평가(결과)에 몰두하게 되고, 내적 대상에 지나치게 신경 쓰면 강박증이나 편집증처럼 과정에 몰두하게 돼 어느 경우든 정상적인 일의 진행이 불가능하다.

결과로부터 자유로워지기

나는 선수들과 '운동을 즐긴다'는 주제로 많은 대화를 나눈다. 스포츠 해설가나 스포츠 평론가들도 선수에 대한 평가를 할 때 "운동을 즐기고 있다"는 표현을 종종 쓴다. 이때 '즐긴다'는 말은 선수들이 성적과 평가를 떠나 자신의 플레이와 퍼포먼스를 스스로 개선하고 향상시킬 때 쓸 수 있는 말이다. 세계적인 무대에서 활약하는 스타 선수들을 떠올려보라. 그들이 자신의 퍼포먼스를 즐기지 못했다면 그러한 결과를 이뤄내지 못했을 것이다.

경기를 시작하기 전에 심리적 압박감을 줄이기 위해 감독들은 선수들에게 경기를 즐기라는 얘기를 자주 하곤 한다. 이때 선수에게 경기를 즐기라는 의미는 자신의 플레이에 집중하라는 주문이다. 선수가 경기 결과에 지나치게 집중한다면 부담감으로 경기 수행 능력이 떨어지게 된다.

트리플 악셀(3회전 반 점프)을 앞둔 피겨스케이팅 선수가 점프를 하면서 '이번 프리스케이팅의 총점이 200점이 넘으려면……' 하면서 경기 결과에 집착한다면 고난도 기술에서 실수할 확률이 매우 높을 것이다.

반면에 '높게 뛰려면 회전을 시작하기 전에 무릎을 약간 굽히면서 아랫배에 힘을 주고……' 하며 트리플 악셀 동작에 집중한다면 성공 확률이 높아지고, 바로 이어지는 동작에도 집중할 수 있게 된다. 이것이 바로 선수가 경기를 즐기는 방법이다.

일을 즐길 줄 아는 사람은 자신이 언제 일을 잘하고 못하는지 잘 알고 있다. 놀이공원의 롤러코스터가 재미있는 것은 올라갔다 내려갔다 하는 기복을 즐길 수 있기 때문이다.

우리는 결과까지도 우리 자신이 조절할 수 있기를 원한다. 과정이 어떠하든 자신이 원하는 결과가 나오기를 바란다. 물론 다양한 이유의 사회적 압박 때문에 결과만을 중시하는 풍토가 조성되었다. 하지만 훗날 뒤돌아보면 웃고 울었던 과정들이 더 기억에 남는다.

인생을 즐기려면 무엇보다도 먼저 결과로부터 자유로워져야 한다. 우리는 넘어졌다 일어나는 과정을 끊임없이 반복하는 가운데 훨씬 더 많은 것을 습득하고 즐긴다.

사랑할 때
감정 전이가 강력한 이유

우리는 어디서 태어났는가
사랑에서

우리는 어떻게 멸망하는가
사랑이 없으면

    괴테의 '사랑'이라는 시의 일부다. 사랑을 하면 우리는 모두 망상에 빠진다. 망상은 사실과 다르며 잘못된 믿음이다. 또한 정신분열병 환자에게서 보이는 증상으로, 도파민이라는 신경전달물질의 과잉으로 유발되는 것으로 알려져 있다. 사랑을 하면 뇌에서 엔도르핀과 함께 도파민이 분비되어 가슴이 뛰고 흥분이 된다. 자신이 사랑하는 사람이 이 세상에서 제일 예쁘고 착하고 똑똑하게 보인다.

긍정적 착각의 과잉

운동선수들은 운동이 잘될 때는 공이 수박만 하게 보이고, 아무리 빠른 공도 천천히 움직이는 것처럼 보인다고 한다. 일종의 '긍정적 착각'이다. 이런 착각이 일어나는 것은 고도의 집중력이 발휘되기 때문이다. 고도의 집중력이 발휘될 때도 도파민이 폭발적으로 분비된다. 자신이 좋아하는 선수의 플레이를 보고 흥분하고 즐거워할 때도 역시 엔도르핀과 함께 도파민이 왕성하게 분비된다.

젊은 운동선수들이 연애할 때 가장 못하는 것 가운데 하나가 '밀당(밀고 당기기)'이라 한다. 경기장에서는 상대편 공격수들을 능수능란하게 방어하고 수비도 노련한 노장 선수만큼 잘하는 20대 초반 선수이지만, 사랑 앞에서는 어린아이처럼 순수하다. 그들은 자신이 사랑하는 만큼 상대도 자신을 사랑할 거라고 생각한다. 이런 기대감이 한편으로는 엄청난 아드레날린을 분비하며 선수들을 더 열심히 운동하게 자극하지만 다른 한편으로는 가슴앓이를 하게 한다.

이들에게 연애 상담을 할 때마다 내가 해주는 말이 있다.

"감정 조절이 가장 중요해요. 공을 무조건 세게 찬다고 다 골인이 되는 건 아니잖아요? 상황에 따라 약하게, 조금 세게, 세게, 아주 세게 찰 필요가 있어요. 사랑도 그래요. 감정 표현을 어떻게 하느냐에 따라 그 사랑이 더 깊어지기도 하고 깨지기도 하죠."

때로 야구 타자가 페이크번트 작전을 수행할 때처럼, 골키퍼의 눈을 속이며 '툭' 하고 차 넣은 공이 데굴데굴 굴러가 골인이 되듯, 사랑의 감정도 그렇게 데굴데굴 굴러 골인이 될 수 있다. 이렇게 말하면 선수들은 공감한다는 표정으로 고개를 끄덕이곤 한다. 그물망을 찢듯 골대 안으로 들어간 공도 골인이고, 데굴데굴 굴러 간신히 골라인을 넘은 공도 골인이다. 마찬가지로 활활 불타는 감정도 사랑이고 잔잔하게 타오르는 감정도 사랑이다. 상대의 감정 상태와 상황에 맞게 나의 감정을 잘 조절해야 하는 것이다.

스포츠와 사랑의 공통점

무쇠팔 무쇠다리를 가진 운동선수들이 쑥스러워하며 자신의 여자 친구를 소개하는 모습을 볼 때면 사랑과 운동에는 몇 가지 공통점이 있다는 생각이 든다.

첫 번째는 이유 없는 끌림이다.

사람들은 왜 스포츠에 열광하는가? 아무리 훌륭한 기자나 평론가가 그럴듯한 논리적 근거를 댄다 한들 설명이 안 된다. 10년째 프로야구팀 해외 전지훈련장을 찾아다니며 손자뻘 되는 선수들에게 밑반찬을 대주고 맛있게 먹는 선수들을 보며 흡족한 표정으로 돌아서는 60대 할머니의 "그냥 좋다"가 전부다. 연애하는 사람들에게 여자 친구가 왜 좋으냐고 묻는다면 대부분의 사람들은 "그냥 좋다"라고 대답할 것이다. 끌림은 생각할 겨를도 없이 무의식적으로 생기는 감정이다. 왜 좋은 것인지에 대한 논리적인 이유는 없다.

두 번째는 말보다는 느낌이다.

스포츠 경기를 TV와 라디오로 보면 재미없고 지루한 경우가 많다. 하지만 운동장에 직접 나가서 관람하면 스포츠만큼 재미있는 것도 없다. 카메라가 놓치는 장면들까지 구석구석 볼 수 있고 생생한 현장에서 느껴지는 감동이 크다. 규칙을 몰라도 빨간 풍선, 노란 풍선을 흔들며 응원하는 어린아이들의 환한 웃음을 보고 있노라면 지루할 틈이 없다. 여자 친구와 편지나 전화, 문자 메시지로 대화를 나눌 수 있지만 직접 만나는 것보다는 감동이 덜하다. 다른 사람이 '그 사람이 어떠하네, 훌륭하네, 실망했네' 하며 아무리 이야기하더라도 내가 직접 그를 경험하고 느껴보는 것이 진짜다.

세 번째는 기대가 크면 실망도 크다는 점이다.

온갖 정성을 다하는 것이 있다면 그만큼 기대하기 마련이다.

하지만 결과가 좋지 않다면, 믿었던 상대가 기대 이하의 행동으로 실망을 시킨다면 그 절망감은 이루 말할 수 없다. 감정의 전이transference가 일어나기 때문이다. '전이'는 정신분석 치료에서 중요한 개념 가운데 하나다. 환자의 경우 어린 시절 중요한 사람과의 관계에서 나타났던 행동 양식, 태도, 감정들이 의사와의 관계에서 재현되는 것을 말한다.[15]

지나치게 엄격했던 아버지와의 관계 때문에 남자 의사한테 이유 없는 불안감과 무서움을 느끼는 환자, 어린 시절 어머니에게 느꼈던 감정을 여자 의사에게 느끼는 것도 전이의 예다. 광적으로 스포츠를 좋아하거나 누군가를 지나치게 사랑하는 사람들은 인생에서 가장 큰 행복을 느꼈던 감정을 재현해내기 위해 대상을 만나면 일순간에 빠지게 된다.

문제는 경기장에서 난동을 부리거나 헤어지자고 하는 연인에게 폭력이나 협박을 하는 사람처럼 대상에 대한 몰입도가 지나친 경우다. 이런 사람들의 공통점은 대상에게 맹목적인 신뢰를 갖고 있다가 기대가 무너졌을 때 생겨나는 좌절을 견딜 만한 능력이 없다는 것이다.

감정 전이 대상에 대한 몰입

기대감은 관심의 벡터(방향성)에 비례한다. 사랑에서 보이는 전이가 강력한 이유는 관심의 벡터 때문이다. 사람들이 가진 관심의 벡터는 에너지나 정성과 합쳐져 하나의 대상으로 향한다. 그것이 사람이든 스포츠 경기든 선수든 간에 관심의 벡터는 대상을 향해 빛을 발한다. 그런데 희한하게도 관심의 벡터가 방향성을 잃으면 사람들은 우울증에 빠지게 된다. 자신이 관심을 갖고 있던 대상에 대한 에너지가 떨어지면 의욕도 줄고 기분도 우울해지는 것이다. 이때 관심의 벡터가 순수함을 잃으면 그 에너지는 분노로 변하고 사랑과 열정은 변질되어 사회적 물의를 일으키기도 한다.

기대감으로 인한 상처는 자기 자신의 문제이지 상대의 잘못이 아니다. 그래서 사랑을 할 때는 상대와 속도를 맞출 줄 아는 지혜가 필요하다. 상대는 장거리 마라톤을 하려고 속도를 천천히 내고 있는데 자기 혼자 100미터 선수처럼 일방적으로 관계를 끌고 간다면 결과가 어떻게 될까? 둘이서 사랑을 하기로 했으면 사랑을 나누는 방식은 함께 고민해야 한다.

좋아하는 팀을 응원하는 방식도 마찬가지다. 경기에서 이겼을 때는 말할 나위 없이 기쁘지만, 다 이겨놓은 경기에서 역전패를 당할 때는 허탈하기 그지없다. 용돈과 시간을 투자해가며 응원을 했는데 경기장에서 뛰는 선수들이 승부욕이 없어 보일 때는 더욱 실망스럽다. 게다가 선수들이 허무하게 경기에 지고 나서도 팬들에게 전혀 미안한 기색을 보이지 않을 때는 화가 나기도 한다.

감정 전이의 대상에 대한 몰입은 긍정적으로 사용하면 삶의 활력이 되지만 그 정도가 지나치면 대상에 따라 일희일비하게 된다. 감정의 기복이 심화되어 조증이나 우울증으로까지 발전할 수도 있다. 이럴 때는 물리적 거리를 두려고 노력할 필요가 있다.

달리는 사람을
잠시 멈추게 하다

사람들은 "자신을 사랑하지 않으면 타인을 사랑할 수 없다"는 말을 가볍게 생각한다. 내가 이렇게 말하면 '정신과 의사가 돼서 그것도 조언이라고 하느냐'는 표정을 짓는다. 정신분석학에서는 모든 심리 구조에서 가장 높은 자리에 위치해 있으면서 우리의 사고와 행동을 결정하는 집행기관을 자기라고 설명하고 있다. 자신을 사랑하면 어떤 상황에서든 자기 자신을 올바로 집행한다는 뜻이다. 물론 쉬운 일은 아니다. 대부분의 사람들은 자기 자신을 올바로 집행하는 구체적인 방법을 모를뿐더러 그것을 지금 당장 해야 할 필요성도 느끼지 못한다.

그렇다면 어떻게 자신을 사랑해야 할까? 우선 자기 자신이라는 집행기관을 올바로 사용하는 방법을 체득해야 한다. 바쁜 삶 속에서도 조금은 숨 쉴 수 있는 여유를 자기 자신에게 할애해야 한다.

그러나 '휴식은 죄'라는 인식이 팽배한 한국 사회에서 휴가나 여행은 패배자나 현실도피자들의 행위쯤으로 여겨지고 있다. 성과주의가 팽배하다 보니 사색적 시간과 휴식의 가치를 제대로 모르는 사람들이 많은 것이다. 그런 사람들과 마주하면 나는 이렇게 조언한다.

"무의미한 반복(집중)은 성과 창출에 도움이 되지 않습니다. 오히려 무기력증이나 패닉 상태에 빠지게 합니다. 때로는 멈추는 것이 더 나은 성과를 내고, 속도를 높이는 전략이 될 수 있습니다."

조급증을 내는 사람들은 대부분 실제로도 성격이 급하다. 이런 사람들에게는 여유와 휴식을 알게 할 필요가 있다. 느림 속에서 빠름을 깨달을 수 있듯, 여유와 휴식 속에서 자신의 능력을 키울 수 있는 힌트를 얻을 수 있기 때문이다.

때로 긴장보다 이완이 필요하다

"선생님 세상에 이런 경우도 있나요? 저는 유격수(투수 뒤에서 수비하는 포지션)인데, 경기 중에 타자가 공을 치면 공이 눈앞에서 사라져버려요."

출중한 실력자임에도 잦은 실수로 경기를 망치곤 하는 야구선수 승우 씨의 찌푸린 미간에서 깊은 고민이 느껴졌다. 이 선수는 성실한 데다 코치의 말도 잘 따르는 선수였다. 면담을 하면서 이 선수가 지나치게 집중하려고 노력한다는 점을 알게 되었다. 그는 타석에 들어서기 전부터 전투태세다. 투수가 공을 던지거나 인터벌을 조금 길게 가질 때도 집중력을 잃지 않는다. 경기 내내 잠깐의 휴식도 허락하지 않는 것이다.

우리 몸의 자율신경계는 교감신경과 부교감신경으로 이뤄져 있다. 교감신경은 심장의 강약 조절, 혈관 수축, 동공 확대 등의 역할을 한다. 교감신경이 긴장하면 날아오는 공을 파악하는 동체시력이 떨어져 수비에 구멍이 뚫리게 된다. 부교감신경은 우리 몸이 흥분되거나 긴장도가 높아지면 심장박동을 억제해 신체의 균형을 맞추는 역할을 한다.

나는 교감신경의 항진을 막기 위해 승우 씨에게 조금만 불성실하게 수비에 임하라고 조언했다. 예를 들어 타석에 들어설 때는 경기장의 다른 곳을 주시하고, 투수가 와인드업을 시작할 때쯤 수비 동작을 취하자고 했다. 이렇게 주문한 이유는 잠깐이라도 흥분 상태의 몸을 안정시키고 이완 상태로 만들고 싶었기 때문이다. 물론 승우 씨는 그동안의 습관 탓에 바로 내 주문을 실천하지 못하다 다섯 경기가 지날 때쯤, 이완의 참맛을 느끼기 시작했다. 그러자 부교감신경이 활성화되면서 긴장도가 떨어지고 동체시력도 좋아져 실수가 현격하게 줄어들었다.

시간을 느리게 재현하기

야구선수나 골프선수들이 갑자기 스윙 감을 잃거나 공 던지는 법을 잊어버리는 경우가 있다. 이럴 때 내가 선수들과 많이 하는 일 가운데 하나는 마치 슬로모션을 보듯 동작을 느리게 재현해보는 것이다.

이 방법은 두 가지 장점이 있다. 하나는 보통 2초도 안 되는 스윙 시간을 10초, 20초로 늘려 짧은 시간 동안 느끼지 못한 불안을 선수로 하여금 느껴보게 해준다. 다른 하나는 짧은 시간이라 미처 알아채지 못하는 작은 실수를 찾게 해준다는 것이다. 골프의 스윙이건 야구의 스윙이건 부분 동작에서의 작은 각도나 결점이 50미터, 100미터 뒤에서는 매우 큰 차이를 만들기 때문에 이러한 작업은 매우 의미가 있다.

우리 인생도 마찬가지다. 아침에 일어나 잠들 때까지 정신없이 바쁘게 지내는 삶 속에서 자신이 과연 무엇을 하며 살고 있는지, 자기 인생이 어떻게 지나가고 있는지에 대한 감을 잃어버리고 사는 것이다.

그래서 나는 때로 하루를 늘려보는 상상을 한다. 아침에 일어나 회사에 출근한 뒤 일을 마치고 영어학원에 갔다가 친구들을 만나 맥주 한잔을 마시고 귀가하는 것이 평소의 스케줄이라면, 가끔은 영어학원과 맥주 한잔을 생략한 채 집으로 돌아가 쉬고, 다음 날 출근하는 일련의 과정을 머릿속에 그려본다. 5시간이면 끝날 일을 8시간까지 늘려보면 어떻게 하면 일이 빨리 진행되고, 자신이 왜 이 일을 하게 됐는지 다양한 감흥을 받게 된다.

자기 삶에 대한 아무런 감흥도 느끼지 못하고 무관심 속에서 하루하루가 지나간다면 몇 년 후의 삶도 여전히 방치된 채 살아질 것이다. 골프에서 '오비out of bound'(경기 구역 밖으로 공을 내보내는 것)와 '페어웨이fairway'(잔디가 고르게 깎여 있어 공을 편안하게 칠 수 있는 곳)의 차이는 스윙 동작에서 5도 차이도 안 나는 스윙 궤도에 의해 결정된다. 우리 삶의 각도도 진지하게 생각해볼 일이다.

재충전의 시간이 가져다주는 것들

"칼퇴근하는 사람들을 한심하다고 생각했어요. 일에 대한 열정 없이 그저 대충 사는 것으로 보였거든요. 그런데 요즘 제가 그래요. 마감 시한을 넘겨도 자책감이 들지 않고 될 대로 되라는 식이죠. 회사에 불만이 있는 건 아닌데, 더 이상 노력하고 싶지가 않아요."

45세인 무성 씨는 얼마 전 이직을 했다. 회계감사팀 상무보라는 요직으로 옮긴 터라 의욕을 갖고 최선을 다해 일했으나 에너지가 방전된 상태에서 자리를 옮긴 것이 화근이었다. 무성 씨처럼 한 가지 일에 몰두하던 사람이 신체적·정서적 피로를 호소하며 무기력증이나 자기혐오에 빠지는 현상을 '번아웃 신드롬burnout syndrome'이라 한다. 한마디로 체력과 열정이 모두 탈진된 것이다.

무성 씨는 탈진 상태에 접어들기 쉬운 '486 세대(현 40대, 80년대 학번, 60년대 출생)'다. 486 세대는 현재 우리 사회의 중심 세대로, 성과지상주의의 첫 세대이기도 하다. 이들은 휴식 상태를 잘 견디지 못한다. 일이 없으면 자신의 능력이 상실된 것으로 믿기 때문이다. 이런 삶에는 전력 질주만 있을 뿐 재충전의 시간이 들어설 여유가 없다. 재충전하지 않고 전력 질주를 계속하다 보면 인지 능력이 한계에 다다르게 되어 결국 슬럼프에 빠질 위험이 커진다.

인지 능력에는 인지적 안정성cognitive stability과 인지적 유연성cognitive flexibility이 있다. 인지적 안정성과 유연성이 조화를 이뤄야 일의 효율성이 증가한다. 인지적 안정성이란 하던 일을 그대로 유지하는 능력을 말하고, 유연성이란 하던 일을 다른 일로 전환하는 능력을 말한다. 안정성이 지나치면 고지식하고 융통성 없는 사람이 되지만, 유연성이 지나치면 산만하고 목표가 없는 사람이 되기 쉽다. 그래서 두 가지 능력의 균형이 중요하다.

시험 한 달 전부터 공부를 하는데도 성적이 오르지 않는 학생이나 매일 야근하는데도 성과가 나지 않는 직장인이 있다. 이런 사람들은 그렇게 노력하는데 왜 결과가 나쁜지 모르겠다며 의아해한다. 휴식 없이 일만 하는 사람들은 인지적 안정성을 중시하는 유형이다. 지나치게 안정성을 추구하면 삶은 피곤해진다. '뭐라도 붙들고 있어야 안심이 된다'는 생각이 진정한 휴식을 방해하기 때문이다.

이런 유형의 사람들은 새로운 일을 시도하기도 전에 자기 검열 리스트부터 만든다. 당연히 일의 효율성은 떨어질 수밖에 없다. 이런 사람들은 주말만이라도 잠시 일에서 떠나 휴식을 취할 필요가 있다. 장기적인 휴식이 부담스럽다면 잠깐의 커피 타임이나 잡담 시간이라도 자주 갖는 것이 좋다. 잠깐의 휴식은 피로 회복이나 동기부여에 유용할 뿐만 아니라 일하는 페이스를 조절해준다. 어떤 일에 매몰되어 있을 때는 실수나 오류가 눈에 들어오지 않지만, 잠시 떨어져 있으면 객관적인 거리가 유지돼 한눈에 보일 때가 있다. 이것이 바로 휴식의 매력이자 장점이다.

스타 선수들의 5가지 행동 습관

선수들과 면담을 하다 보면 그들의 실력과 연봉을 구체적으로 물어보지 않더라도 정체성이 뚜렷한 선수와 그렇지 못한 선수가 쉽게 구별된다. 정체성이 확실한, 즉 주체성이 강한 스타 선수들은 몇 가지 특징이 있다.

1. 가장 먼저 해야 할 일을 상황에 맞게 택한다

이는 매우 중요한 능력이다. 아무리 실력이 뛰어나고 관계가 좋아도 자기 자신, 팀 동료, 팬, 언론, 감독, 코치, 부모를 모두 만족시킬 수는 없다. 정체성이 뚜렷한 선수들은 상황에 따라 가장 먼저 만족시켜야 할 대상을 선별한 뒤 우선순위에 따라 문제를 해결할 줄 안다. 소위 선택과 집중을 효과적으로 활용하는 것이다.

인지 기능적으로 볼 때 이런 선수들은 선택적 집중력이 좋다고 이야기한다. 선택적 집중력을 주로 담당하는 뇌 부위는 대상회이랑cingulate gyrus이다. 재미있는 것은 대상회이랑은 뇌의 편도amygdala에서 발생하는 불안 신호를 조절하는 주요 기관 중 하나라는 점이다. 즉 외부 자극에 의해 편도가 놀라 우왕좌왕하고 그 놀람의 강도조차도 파악하지 못할 때, 대상회이랑이 외부 자극의 불안 강도를 파악하고 우선순위를 정해 적절하게 반응하도록 해준다.

2. 일과 휴식을 적절히 배분할 줄 안다

정체성이 공고한 스타 선수들은 목표 없는 무모한 연습을 하지 않는다. 취미생활도 자신의 운동에 방해가 되지 않는 것을 골라 즐긴다. 만약 취미가 운동에 방해가 되고 스스로를 지치게 만들면 과감히 포기할 줄도 안다.

좋은 학교에 가기 위해, 좋은 직장을 얻기 위해 우리는 늘 경쟁하며 살아간다. 그러나 이러한 삶이 지속되면 일의 능률이 떨어지고 쉽게 지친다. 우리의 근육도 마찬가지다. 근육이 효과적으로 힘을 쓰기 위해서는 힘을 주었다 뺐다 해야 단시간에 최대의 힘을 얻을 수 있다.

액틴actin과 미오신myosin으로 이뤄진 근육은 두 기관이 서로 이끌리듯 합쳐지고 분리되면서 에너지를 사용하게 만든다. 그런데 계속 힘을 주고 있다면 액틴과 미오신의 에너지 이용률은 현저하게 떨어져 지속적인 수축 상태를 유지하기 힘들다.

3. 의도하지 않은 상황에도 유연하게 목표를 수정한다

정체성이 흔들리는 선수는 돌발 상황이 일어나면 당황하며 적응하지 못한다. 만년 기대주로 머물러 있는 몇몇 선수들은 프로 무대에 적응하는 속도가 매우 느리다. 이들은 자기 생각에 함몰되거나 귀가 얇아 다른 사람의 말에 쉽게 흔들린다. 의도하지 않은 상황에서 유연하게 대응하며 목표를 수정한다는 것은 생각만큼 쉽지 않다. 현재 자신이 서 있는 길이 어떤 길인지 살펴보는 것이 유연한 목표 수정에 도움이 될 수 있다.

스타 선수는 자신이 의도하지 않은 상황이 발생했을 때 침착하게 대응한다. 먼저 스스로 해결하려 노력한 다음 필요할 경우 자문을 구한다. 이때 누구에게 조언을 구하고 심리 상담을 청할 것인지도 미리 생각해놓고 있다. 온갖 훈수와 충고가 난무해도 쉽게 움직이지 않고, 누구의 이야기도 듣지 않는 답답한 고집불통으로 전락하지도 않는다.

4. 좋은 결과와 나쁜 결과를 동시에 예상하고 대비책을 마련한다

정체성의 뿌리가 깊은 선수들은 지나치게 낙관적이거나 비관적이지 않다. 좋은 결과와 나쁜 결과를 동시에 생각하는 통합적인 관점을 갖고 있다. 이는 현재 벌어지고 있는 일을 지켜볼 수 있는 시간적·공간적 여유를 가져다준다. 통합적 관점은 자신감에서 나온다. 다시 말해 운동에 지배당하고 있는 것이 아니라 운동을 지배하고 있는 것이다. '오늘 실수로 골을 넣지 못한 것은 내일 두 골을 넣기 위한 사전 리허설이다.', '오늘 두 골을 넣었으니 내일은 골보다는 패스에 치중해야 한다. 점수를 많이 얻지 못하더라도 조급해할 필요가 없다.' 이런 식으로 전체적인 시각에서 경기를 지배한다.

5. 이미 벌어진 상황을 피하지 않고 책임질 줄 안다

스타 선수는 책임질 일이 발생했을 때 잘잘못을 꼼꼼히 따져 적절한 해결책을 찾는다. 실패를 통해 배우는 것이다. 이는 연습을 통해 얻는 것과는 다르다. 받아들이는 감정의 강도가 다르기 때문이다. 시합 때의 실

수는 오래 기억에 남는다. 우리 뇌의 편도가 실수에 관련된 수행 기억 과정에서 감정이라는 영향을 많이 받아, 짧은 시간이지만 강렬한 에너지를 저장하게 만들기 때문이다.

시합 때 발생한 실수를 그냥 넘겨버리면 당시 속상했던 감정만 기억되지만 이를 '수행 기억+감정'으로 분석할 줄 안다면 비슷한 상황을 맞닥뜨리더라도 실수할 확률이 줄어들게 된다. 배움을 통해 자신감이 생긴 덕분이다.

4장

관계 속에서
행복 찾기

새로운 역할에 맞게
자기조정하기

선수들과 면담을 하다 보면 감독과 코치 얘기가 꼭 나온다. 당연히 좋은 평가를 받는 분들도 있고 그렇지 않은 분들도 있다. 어떤 선수들은 팀을 옮겨서라도 지금의 감독과 코치를 다시는 만나고 싶지 않다고 말하기도 한다. 감독과 코치는 대부분 자신도 과거에 선수 생활을 했기 때문에 후배들이 어떤 불만을 갖고 있는지 잘 알고 있다. 그럼에도 불구하고 후배들을 잘 다독이던 고참 선수가 코치가 된 후 180도로 변하기도 하고 감독이 되면 팀을 잘 이끌 것 같던 코치가 막상 감독이 되면 선수들을 혹사시키는 괴물로 변하기도 한다.

선수들에게 좋은 평가를 받지 못하는 감독과 코치는 왜 그렇게 변한 것일까. 단지 이기심 때문일까. 감독과 코치를 비난하는 사람들은 그들이 자리와 승리에 대한 집착 때문에 나쁜 감독, 못된 코치가 됐다고 한다. 하지만 실제로 그들을 만나 이야기를 해보면 사람이 변한 게 아니라 역할이 바뀌면서 이런저런 이야기를 듣게 되고 오해가 생긴 경우도 많았다.

과장된 자기애

선수에서 감독으로, 부장에서 이사로 승진하게 되면 우리 정서는 새로운 역할에 필요한 자기조정의 시간을 필요로 한다. '포지션이 바뀐다'는 말은 결국 과장된 자기가 한 단계 더 높은 단계로 진입하는 것을 의미한다. 따라서 현재의 자기는 부장에 해당하는 과장된 자기상에서 이사라는 과장된 자기상으로 이동하면서 자기애가 풍선처럼 커지게 된다. 그런데 여기서 자기애가 적절하게 혹은 건전하게 유지된다면 현명한 이사가 될 수 있지만, 증가된 자기애가 무너질 것 같은 불안이 발생하면 예민함, 자해, 이유 없는 두려움 등의 증상을 초래하게 되어 원만한 관리자의 모습을 보일 수 없게 된다.

"자리가 사람을 만든다"는 말을 들여다보면 '그 자리에 올라가면 어떤 사람이 되어야 한다'는 생각이 읽힌다. 오래전부터 과장된 자기상을 꿈꾸고 있었기 때문에 바뀐 자리에 오르자마자 과장된 자기애를 누리게 되는 것이다.

과장된 자기상이 주변 사람의 적절한 피드백이나 올바른 판단에 의해 만들어졌다면 자리가 바뀌어도 타인과의 관계에 문제가 없지만 독단적인 생각으로 이뤄진 자기상이라면 옳지 않은 행동을 하게 된다. 이렇게 되면 당연히 타인과의 관계가 좋을 리 없다. 결국 당사자는 스트레스가 쌓이게 되고 여러 가지 히스테리적 행동을 유발하게 된다. 이런 상황을 보고 주변 사람들은 "그 사람, 높은 자리에 올라가더니 완전히 변했어"라고 판단하는 것이다.

실제로 포지션 전환 후 정돈되지 않은 자기상 때문에 많은 이들이 혼란을 겪곤 한다. 안타까운 점은 관리자로서의 능력에 대해서는 문제의식을 가지면서도 그 문제를 해결할 의지를 보이지 않는다는 것이다. 지금까지 무엇이 되라는 요구는 자주 받았지만 '되어가는 중becoming'에 필요한 수업은 받아본 적이 없기 때문이다.

선배에서 리더로

운동선수들도 나이 들어 팀에서 고참이 되면 주변 사람들에게서 자연스럽게 리더의 역할을 주문받는다. 싫든 좋든 리더의 역할을 해야 하는 상황에 직면하는데 가끔 어려운 일이 발생하기도 한다. 주변 사람들이 따르지 않을 경우 무리수를 두면서 아무도 원하지 않는 강력한 권위를 보이기도 하는 것이다. 후배들이 자신을 따르지 않거나 혹은 무시하고 있다는 느낌이 들면 아예 무관심한 태도를 보이기도 한다. 그 결과 리더의 역할을 하려다 오히려 팀워크에 심각한 문제를 일으키거나 갈등을 빚게 된다.

이 과정에서 아직 자신이 진정한 리더가 아님을 깨닫고 계속 갈고닦는 선수는 나중에 존경을 받는다. 이런 선수의 의견이 받아들여지는 팀은 팀워크가 좋아 간혹 전문가들의 예상을 뛰어넘는 성적을 내기도 한다. 극적인 역전 드라마나 전문가의 예상을 뒤엎는 우승은 화려한 스타와 유명한 선수가 만들어내는 것이 아니다. 크게 드러나지는 않지만 이들과 같은 선배 선수들이 경기를 펼친 덕에 이뤄지는 것이다.

반대로 평소 자신의 인성은 생각지도 않고 높은 연봉과 인기를 등에 업고 팀의 의견을 좌지우지하고 목소리를 높이는 선수가 있다. 이런 선수가 있는 팀은 왠지 불안해 보이고 전문가도 이해할 수 없는 성적을 내는 경우가 많다.

선수의 리더십은 평소의 모습과 운동장에서의 모습이 일치하는 데서 나온다. 말과 행동에 일관성이 있어야 다른 선수들의 존경과 믿음을 이끌어낼 수 있다. 여기서 일관성이란 청교도적인 모습이나 한 치의 부끄러움이 없는 생활을 의미하는 게 아니다. 다른 사람이 예측할 수 있는 안정감을 줘야 한다는 뜻이다.

자신이 기분이 좋을 때는 너그럽다가 기분이 나쁠 때는 야박하게 행동하고, 구석으로 몰렸을 때는 다른 사람의 의견을 받아주다가 힘이 생기면 다른 사람의 의견을 무시한다면 후배나 동료들이 그 사람의 행동을 예측하지 못하게 된다. 언제 돌발적인 행동을 할지 모르는 사람과 의견을 나누고 믿고 따를 사람은 아무도 없다.

훌륭한 리더는
무엇이 다른가

　운동선수들은 자신의 철학이 분명해도 선수들의 개인적 특성을 고려해야 할 때는 자신의 주장을 유보할 줄 아는 균형 감각을 가진 감독과 코치를 선호한다. 예를 들어 코치와 선수가 타격 자세나 투구 자세 때문에 서로 신경전을 벌인다. 몇 년간 선수를 관찰한 코치의 입장에서는 선수가 자세를 바꾸지 않으면 더 이상의 발전이 힘들 거라고 생각한다. 지금도 잘하고 있지만 앞으로의 발전 가능성을 볼 때 선수의 실력이 아직 절반도 발휘되지 않고 있다고 판단한 코치는 선수의 자세가 반드시 바뀌어야 한다고 생각한다.

　한편 선수의 입장에서는 고등학교 시절과 신인 때 자세를 바꾸려고 나름대로 노력을 해봤는데도 잘 고쳐지지 않았다. 그는 현재 프로 리그에서 어느 정도 인정을 받고 있으며 자신의 자세가 그리 나쁘지 않다고 생각한다. 오히려 이 나이에 자세를 바꿨다가 위험한 상황에 맞닥뜨릴 수도 있다. 때문에 그는 자세를 바꿔야 한다는 코치의 의견을 선뜻 받아들이기가 어렵다.

이럴 때 훌륭한 리더십을 가진 코치라면 어떻게 할까? 선수의 의견을 귀담아듣고 선수가 원하는 대로 내버려두는 게 좋을까? 코칭을 할 때만큼은 선수에게 객관적인 사실을 확실히 전달해야 한다. 어떤 면에서 이런 태도는 선수에게 상처를 줄 수도 있고 오히려 반대의 결과를 가져올 수도 있다. 하지만 선수에 대한 사랑과 관심은 때로 강력한 요구를 필요로 한다. 당연히 코치는 자신의 요구가 선수의 발전을 위한 고뇌 속에서 나온 것이라는 확신이 있어야 한다.

이러한 확신이 서 있다면 그것을 선수가 받아들일 수 있도록 설득해야 하는데, 여기에는 몇 가지 원칙이 필요하다.

첫째, 무례하지 않은 권력을 사용한다.

아무리 어리고 신참이라 하더라도 선수 입장에서는 자신이 애써 지켜온 최후의 보루를 건드리고 있다고 생각할 수 있다. 코치의 입장에서 부드럽게 이야기하더라도 받아들이는 입장에서는 자신을 공격하는 것처럼 느낄 수 있다. 이럴 때는 자신을 위해 해주는 말도 곱게 들리지 않는다.

선수에게 요구하는 정도가 크면 클수록 더 부드러운 방식으로 접근해야 한다. 이때 농담과 유머를 사용하는 코치도 있는데 경우에 따라 농담이 더 위험할 수도 있다. 그동안 서로의 관계가 정다웠더라도 말 한마디가 상황을 완전히 바꿔놓을 수 있다. 그러므로 농담이나 유머보다는 진지하고 부드러운 어투로 대화를 나누는 것이 훨씬 효과적이다.

둘째, 굴욕 없는 훈련을 지시한다.

선수들은 자세를 바꾸거나 혹은 잘못된 점을 고칠 때 무의식적으로 굴욕감을 느끼는 경우가 종종 있다. 코치 입장에서 아무리 자기 시간을 쪼개가며 열심히 훈련을 시켜도 선수들에게 굴욕적 훈련이라면 노력한 만큼 효과를 거둘 수 없다. 굴욕적 훈련이란 의미 없이 반복적으로 시키는 훈련이다. 예를 들면 하체를 튼튼하게 단련하기 위해 선수들을 무조건 뛰게 하는 코치가 있다. 별 생각 없이 자신이 20년 전에 받았던 훈련을 후배들에게 강요하고 있는 것이다.

셋째, 경청하는 자세를 갖춘다.

감독과 코치는 코칭을 할 때 아주 쉬운 내용을 선수들이 못 알아들을 때 가장 답답해한다. 지금까지 기본적인 사실도 모르고 어떻게 운동을 해왔는지 의문일 정도로 한심할 때도 있다. 반면 선수들은 '선수 생활 몇 십 년에, 코치 생활 몇 년을 하고서도 어쩌면 저렇게 선수 마음을 모를까' 하는 생각이 들 때 가장 답답해한다. 팀워크를 위해서는 서로가 경청하는 자세를 가져야 하겠지만 감독과 코치가 더 많이 선수들의 말을 경청해야 한다. 그래야 리더로서 의견을 제대로 전달할 수 있다.

문제를 해결할 수 있는 답은 선수 스스로가 이미 가지고 있는 경우가 많다. 코치가 아무리 잘 알고 있다 해도 선수 자신보다 관심이 많을 수는 없다. 어쩌면 코치가 놓치고 있는 부분을 선수 자신은 이미 알고 있고, 또 그것을 고치려고 애쓰는 중일 수도 있다. 그런데 그게 잘 안 되는 것이다. 이런 입장을 배려하지 않은 채 대단한 문제점을 발견했다는 듯 이야기한다면 선수는 자존심이 상해 그 충고를 절대로 받아들이지 않을 것이다.

넷째, 눈높이에 맞춘 코칭을 한다.

부족한 점을 깨우쳐주기 위해 선수들을 학대하는 감독과 코치들이 더러 있다. 물론 요즘 같은 세상에 선수를 때린다거나 험악하게 욕을 하는 경우는 드물다. 여기서 말하는 학대란, 선수의 신체적 어려움을 알면서도 모르는 척한다거나 일부러 잘 안 되는 행위를 시키면서 선수를 더욱 힘들게 하는 것을 일컫는다.

리더십 있는 지도자라면 선수들의 눈높이에 맞는 말로 풀어 설명하고 이해를 구해야 한다. "너는 이런 것을 참 못해"라고 감정적으로 말하기보다는 "내가 지켜보니, 공을 발등으로 차지 않고 발끝으로만 차고 있더라"라고 부드럽게 지적을 해주는 것이 더 효과적이다.

다섯째, 고지식하지 않은 일관성을 갖춘다.

어떤 부모가 위험한 부모일까? 아이를 학대하는 부모도 아니고, 무조건적으로 아이를 칭찬하는 부모도 아니다. 일정한 기준 없이 이랬다저랬다 하는 부모다. 코치가 슛 자세를 고치라고 하자 오랫동안 유지해온 자세를 고쳤는데, 나중에 다른 자세가 더 좋으니 다시 바꾸라고 한다면 선수들은 혼란스럽고 피곤해진다. 당연히 지도자의 리더십은 땅으로 떨어지게 된다.

훌륭한 지도자는 자신만의 철학이 있다. 그 철학은 선수들에게 감독이나 코치를 대하는 일정한 대응 방식을 갖게 해준다. 무조건 열심히 하는 것이 감독의 철학이라면, 선수들은 일단 열심히 하는 모습부터 보인다. 그런데 감독의 철학이 무엇인지 알 수 없다면 선수들은 어떻게 해야 할지 감을 잡지 못한다.

철학이 없는 지도자들은 그때그때의 기분에 따라 선수들을 지적하는 경향이 있다. 선수 입장에서는 항상 혼난다고 생각될 것이다. 이런 상황이 되면 의사소통이 단절되는 것은 물론 선수들의 의욕도 떨어질 수밖에 없다.

마음속에는 괴물이 산다

우리는 어디를
향해 가고 있는가

아마추어 시절 전국적으로 이름을 날리던 농구선수가 프로 선수가 된 뒤 주전으로 뛰지도 못하고 제 기량을 발휘하지 못해 고민이 많았다. 이 선수와 대화를 나눠보니 감독이 자신을 알아주지 않는다는 원망으로 가득했다. 그러나 감독은 이 선수가 팀플레이를 못해 제대로 활용하지 못하고 있다고 했다. 하지만 농구에 대한 열정과 슛, 빠른 드리블 등의 개인 기량 면에서 팀 내 다른 선수들에 결코 뒤지지 않는다는 사실은 분명했다.

초기 면담에서는 아무 문제가 없어 보였다. 그런데 면담이 깊어지면서 이런 문제가 발생하게 된 핵심이 드러났다. 그것은 선수와 감독, 그리고 팀이 가지고 있는 목표가 서로 일치하지 않는다는 점이었다. 팀은 우승을 원하고 감독은 4강 진출을 꿈꾸며 선수는 예전의 명성을 되찾아 팀에서 자신의 입지를 높이는 목표였다.

최고 팀을 만드는 기술

나는 세 가지 목표의 합의점을 찾도록 유도하기 위해 선수에게 먼저 감독에게 다가갈 것을 권했다. 가장 먼저 대화가 필요해 보였기 때문이다. 하지만 선수는 거부했고 나는 선수가 감독을 싫어한다고 판단하고 오해를 풀어주기 위한 노력을 했다. 그리고 얼마 뒤 다른 선수에 비해 감독한테 다가가는 것을 꺼리는 모습을 발견하고는, 이 선수가 감독은 물론 다른 사람에게 다가가는 방법을 모른다는 사실을 알게 되었다.

면담 시간에 조심스럽게 이 점을 지적하자 선수는 의외로 쉽게 수긍했다. 그다음 면담에서는 감독에게 다가가는 시기부터 대사, 표정까지 세세하게 알려주고 그대로 실천하게 했다. 물론 감독에게는 따로 이 선수가 다가오면 이런저런 식으로 반응해줄 것을 부탁했다.

이런 노력의 결과로 점차 감독과 선수의 대화가 시작되었고 팀의 문제아였던 선수는 이제 경기를 이끌고 감독의 전술을 선수들에게 설명해주는 리더가 되었다. 2개월간의 짧은 면담이었지

만 선수 개인은 물론 팀에서의 역할까지 괄목상대할 만큼 바뀌었다.

농구뿐만 아니라 대부분의 팀 스포츠는 개인의 목표와 팀의 목표를 정하고 이를 달성하기 위해 노력하는 과정에서 서로 융합하는 것이 매우 중요하다. 팀 스포츠는 구성원 개개인이 가진 기술은 물론 그것들이 서로 유기적으로 결합되어 시너지를 일으켜야 한다. 이를 위해서는 다음과 같은 노력들이 이뤄져야 한다.

첫째, 자신의 임무가 팀에 어떤 도움이 되는지 명확히 알고 있어야 한다.

둘째, 자신의 역할과 함께 또 다른 역할을 해내야 한다. 즉 공격을 하면서 상대편의 속공 플레이에 당하지 않도록 최전방 수비라인이 되어야 한다.

셋째, 작전을 완벽하게 이해하고 다른 선수들의 움직임을 예측할 수 있어야 한다.

넷째, 감독이 짜놓은 작전이 승리를 가져다줄 것이라 확신해야 한다. 확신이 들지 않으면 이해될 때까지 서로 의견을 교환해야 한다. 아무리 좋은 작전도 선수가 이해하지 못하면 잘못된 작전이 되기 때문이다.

공동의 목표 세우기와 결과 나누기

유명 프랜차이즈 미용실에서 헤어디자이너로 일하는 정혜 씨는 요즘 들어 직장생활에 대한 만족도가 급격히 떨어졌다. 해외 잡지까지 빼놓지 않고 챙겨보면서 자신만의 스타일을 끊임없이 연구하고, 머리 모양에 만족해하는 손님을 볼 때마다 뿌듯해하던 그녀였지만, 예전만큼 의욕이 생기지 않는다.

최근 손님이 부쩍 줄면서 30분 일찍 출근하고, 30분 늦게 퇴근하라는 미용실 원장의 일방적 지시 때문에 심기가 불편한 것이다. 원장은 미용실이 없으면 미용사도 필요 없게 되므로 우선은 미용실의 생존이 중요하다는 논리를 내세웠다. 하지만 정혜 씨를 비롯한 미용사들은 손님이 줄어든 이후 원장이 애꿎은 자신들을 탓하는 것만 같았다.

"주변에 미용실이 몇 군데나 새로 생긴 데다 요즘 심각한 불경기이다 보니 손님이 준 거지. 그게 어디 우리가 게을러 그런 건가?"

두 달 후 졸업과 입학 시즌이 되면서 미용실의 손님이 제법 늘었다. 원장은 근무 시간을 연장한 덕분에 손님이 늘었다고 좋아하면서 이 시스템을 당분간 유지하자고 했다. 이후 정혜 씨와 원장 간의 견해 차이는 손님 수와 관계없이 지속되었다. 미용실의 수입은 늘어났지만 정혜 씨의 직장생활 만족도는 점점 떨어졌다.

공동의 목표와 개인의 목표 중 어느 것이 더 중요한가에 대한 논란은 끊임없이 제기되어 왔다. 공동의 이익도 중요하지만 정혜 씨의 사례는 개인이 늘 소외받고 있다는 느낌이 들게 만든다.

이런 현상은 팀 스포츠에서 자주 나타난다. 이를 해결하기 위해 팀과 선수 간의 공동의 목표 세우기goal setting와 결과 나누기share가 진행되기도 한다.

특히 스웨덴 출신인 스벤 예란 에릭손Sven Goran Eriksson 감독은 축구의 본고장인 영국의 축구 국가대표팀을 지휘할 때 이 공동 목표를 매우 중요시했다. 그는 팀이 가지고 있는 공동의 목표를 수비 파트와 공격 파트가 담당할 목표로 나눴고, 수비 파트의 목표는 다시 중간 수비수, 최종 수비수, 그리고 수비수 개개인의 목표로 나눴다. 이런 방식으로 선수 개인의 목표를 설정한 뒤, 어떤 목표가 우선이 될지에 대해 선수들에게 미리 이야기해주고 그 목표를 잘 따르는 사람에게 경기 출전을 보장해주는 방식으로 팀을 이끌었다.

여기서 주목할 것은 감독이 공동의 목표와 개인의 목표를 일치시켜 선수들의 능동적인 참여를 유도했다는 점이다. 앞에서 소개한 미용실의 사례는 이런 점에서 아쉽다. 손님이 줄어드는 계절과 늘어나는 계절에 대한 사전분석을 하면서 그에 대한 대책을 마련할 때 미용사들의 의견을 능동적으로 이끌어냈다면 어땠을까. 정혜 씨와 같은 유능하고 성실한 직원이라면 적극 동참했을 것이다.

고참과 신참의 부조화, 경기 실력 저하, 프런트의 잦은 교체, 저조한 성적 등으로 구설에 오르며 팬들의 원성을 산 팀이 있었다. 감독과 선수들을 몇 번이나 교체했지만 팀은 슬럼프에서 벗어날 기미가 좀처럼 보이지 않았다.

운영팀, 마케팅팀, 경영팀, 홍보팀에서 일하는 프런트들과 코칭스태프, 선수들이 장시간 면담한 결과 각자의 목표가 분명함을 알 수 있었다. 프런트들은 팀의 성적, 코칭스태프는 선수 육성과 장기 계획, 선수들은 개인 성적과 불안감 해소를 우선으로 여기고 있었다.

프로 팀으로서 잘못된 목표는 하나도 없었다. 다만 세 집단의 목표가 서로 일치하지 않다는 것이 문제였다. 목표가 일치하지 않는 이유 중 하나는 각 집단이 목표를 명확하게 밝히지 않았기 때문이다. 간혹 언론을 통해 개별 집단별로 자신들의 목표를 슬쩍 내비치는 정도였다.

나는 결국 팀의 향방에 가장 큰 영향을 끼칠 감독에게 팀의 목표를 명확히 정해달라고 부탁했다. 이 과정에서 그 해 팀의 목표는 성적을 올리는 것으로 정해졌고, 세 집단 모두 팀의 성적 향상을 위해 신인 양성과 개인 성적을 희생할 것을 각오했다. 이처럼 세 집단의 목표가 일치되자 그 해 팀 성적이 향상되면서 신인들의 기량이 좋아지는 부수적인 효과까지 있었다.

여기서는 간단하게 설명되었지만 경기의 성격 파악과 목표 설정, 그리고 성적 향상으로 이어지는 일련의 과정은 2년이 넘게 걸렸다.

멀지도 가깝지도
않은 그 사이에

'접촉'이라 하면 물리적인 스킨십을 생각하기 쉽지만, 나는 '모든 감각과 관심을 동원한 느낌과 이에 대한 반응'이라 말하고 싶다. 누군가에게 접촉하기 위해서는 그 사람에게 주의를 기울여야 한다. 윗사람이라 해도 아무 생각 없이 무작정 다가서는 행동은 상대로 하여금 거부감을 불러일으킬 수 있다. 조직을 이끄는 사람이라면 구성원들에게 각별하게 주의를 기울여 언제 그들이 나를 필요로 하는지, 어떤 이야기를 듣고 싶어 하는지 파악하고 있어야 한다. 우리는 이러한 자질을 가리켜 '카리스마'라 말하기도 한다.

독단적인 성격의 야구감독이 있었다. 옹고집으로 불리던 그 감독은 다른 감독보다 훈련을 혹독하게 시켰다. 작전을 지시할 때는 피도 눈물도 없는 사람으로 유명했다. 선수들은 때로 힘들어하기도 하고 억울해하기도 했다. 하지만 감독에 대해서는 모두 호의적으로 평가했다.

"그래도 알게 모르게 선수들을 잘 챙겨주셔요."

"지금 생각해보면 결국은 저 잘되라고 그러신 것 같아요."

물론 그 감독이 인간적이고 훌륭한 인품으로 선수들의 마음을 감동시켰지만, 나는 그가 무엇보다도 직관력이 남다른 리더였다고 생각한다. 그는 오랜 경험과 타고난 직관을 바탕으로 선수들이 무엇을 필요로 하는지, 그들에게 언제 얼마만큼의 보상이 주어져야 하는지에 대해 정확하게 꿰뚫고 있었다.

선배 같고 친구 같은 상사?

직관이라는 것은 추상적으로 인식하는 기능이라, 직관력을 키우려면 구체적인 노력이 필요하다. 그중 하나는 관심사에 대한 목록을 만드는 일이다. 다양한 사람과 상황을 접하다 보면 자주 잊어버리고 지나가는 일이 많아진다. 이때 목록을 만들어놓으면 중요한 일들을 적절한 시점에 제대로 처리할 수 있다.

이러한 목록의 핵심은 현실성에 있다. 현실성의 기본은 '지금, 여기, 그 사람이 필요로 하는 것'이다. 코치라면 선수의 입장에서 그가 필요로 하는 것에 관심을 기울여야 한다. 선수 시절 자신의 관심사와 비교해보는 것도 좋다. 선수들과 대화할 때도 선수의 입장에서 이야기하는 것이 중요하다. 이러한 과정을 통해 코치와 선수 서로 간에 유대감이 형성된다.

그러나 코치가 선수들과 친구처럼 가까워지면 그때부터 헷갈리기 시작한다. 선수들과 코치와 어떤 관계를 유지하는 것이 좋은지 고민하게 된다. 친구 같은 코치가 과연 선수들에게 제대로 지시할 수 있을까? 결론을 말하면 코치는 선수들의 친구가 아니다. 그렇기 때문에 가깝게 지내되 지나치게 가까워져서는 안 된다. 이는 공과 사를 구분하라는 말이기도 하다.

관리자급 직장인 가운데도 이와 비슷한 고민을 하는 경우가 많다. 조직의 특성상 권위를 가져야 할 리더라면 '선배 같고 친구 같은' 관계에 특히 유의해야 한다. 공사의 경계를 무너뜨리고 관계의 정체성을 혼란스럽게 만들 수 있기 때문이다.

코치일 뿐, 아버지가 아니다

코치의 역할은 무엇인가? 객관적인 시각으로 선수에게 피드백을 해주며 도와주는 사람이다. 때에 따라 매우 강력한 제안도 하는데, 보통 이런 행위를 '설득'이라 한다. 설득은 상대를 이해시켜 내 의사를 받아들이게 하는 일이다. 강요나 세뇌가 아닌 것이다.

만약 코치로서 설득을 했음에도 불구하고 선수가 받아들이지 않는다면 거기까지가 코치의 몫이라 생각하는 편이 옳다. 코치나 감독으로 일정한 자리에 오르고 권위와 권력이 생기면 자칫 정체성을 잃어버릴 수도 있기 때문이다. 예를 들면 경기장 안에서만 코치 역할을 하면 되는데 경기장 밖에서도 코치 역할을 하려 드는 것이다. 어떤 사람은 집안의 형이나 삼촌, 심지어 아버지 역할까지 하는 경우도 있다.

이런 태도는 관계의 정체성을 무너뜨릴 수 있기 때문에 그다지 바람직하지 않다. 지도자라면 선수들에게 하는 행동이 자신의 역할에서 과하게 벗어난 것은 아닌지 늘 생각해야 한다.

일반인들도 사회생활을 하면서 주위 사람에게 코치 역할을 할 때가 있다. 어느 날 친구가 도움을 요청해왔다. 나는 나름대로 최선을 다해 친구에게 성실하게 충고했고, 그 덕분인지 어려운 일이 어느 정도 해결되기도 했다. 그런데 도움을 청한 친구가 일이 잘 풀리자 이제는 내 충고를 듣지 않고 다시 일을 망치려 하고 있다. 나는 친구의 일이 어떻게 전개될지 예상되기 때문에 매우 안타까운데, 친구는 충고가 잔소리로 들리는지 나를 무시하기까지 한다. 이런 경우 당신은 어떻게 할 것인가?

친구가 다시 나를 필요로 할 때까지 기다려주는 것이 좋다. 그가 나의 도움을 원할 때 그만큼만 도와주면 된다. 상대에게 도움이 될 거라는 생각에 지나치게 간섭하고 충고한다면, 그것은 도움이 아니라 내 방식을 강요하는 것일 뿐이다.

함께 나눈 대화
과연 통했을까

　　스포츠에서 의사소통은 팀의 실력을 최대한 혹은 그 이상으로
발휘할 수 있게 하는 강력한 무기다. 아무리 훌륭하고 기량이 뛰
어난 선수들을 모아놓아도 의사소통이 되지 않는다면 오합지졸
에 불과하고, 팀의 성적도 하위권에 머무를 수밖에 없다. 소통이
야말로 서 말의 구슬을 꿰는 작업의 시작이라 할 수 있다.

　　의사소통에서 가장 중요한 것은 형식과 핵심이다. 아무리 말을
잘하고 많이 해도 상대가 알아듣지 못한다면 원활한 의사소통이
라 할 수 없다. 한국 사람이 한국어로 이야기하는데도 못 알아듣
는 이유는 말하는 사람이 일정한 형식과 순서를 갖추고 있지 않
기 때문이다.

예를 들어 어떤 코치는 핵심적인 사항만 한두 가지 집어주는 스타일이다. 이러한 그의 대화법에 익숙한 선수들은 코치가 이야기해준 핵심만 받아들이고 한두 가지만 행동으로 옮겼다.

어느 날 코치가 운동장을 뛰고, 공을 나르고, 숙소를 정리하고, 선수단 작전회의를 열고, 비디오 분석을 하라는 지시를 내렸다. 그중 가장 중요한 것은 선수단 작전회의였다. 선수들은 코치의 지시대로 공을 나르고 운동장을 뛰었다.

오후가 되자 코치가 선수들에게 작전회의를 했냐고 물었다. 선수들은 "아니요, 운동장을 뛰었는데요"라고 대답했다. 코치 입장에서는 선수들이 자신이 시킨 중요한 일을 하지 않은 것이었으니 의사소통이 제대로 안 된 셈이다. 이러한 상황이 바로 일정한 형식이 없는 혹은 형식에서 벗어난 의사소통의 전형적인 예다.

한 번 웃기기 위해 열 번 울었다

일방향 소통을 잘못 이해하는 사람들이 많다. 한 사람이 상대의 이야기를 계속 듣고 있는 상황이 일방향 소통은 아니다. 물론 가장 전형적인 사례일 수 있지만 스포츠 코치들에게는 다른 이야기다. 대화를 할 때 선수들은 "네, 네" 하면서 자신의 이야기에 반응도 보이고 때로 질문도 하지만 코치 의견과는 다른 의견을 가지고 있을 수 있다. 예를 들어 코치가 선수에게 이렇게 말했다고 해보자.

"너는 힘이 약하니 웨이트트레이닝을 많이 해서 힘을 키워야 해. 힘을 키우기 위해서는 영양을 잘 섭취해야 하고."

그러나 선수의 생각은 다르다. 겉으로는 고개를 끄덕이며 코치의 이야기를 듣고 있지만 속으로는 이렇게 생각한다.

'나는 빠른 것이 장점인데 몸에 근육이 붙어 체중이 늘면 잘 뛸 수 없어. 많이 먹기보다는 가벼운 체중을 유지하는 게 더 중요해. 힘을 키우기보다는 스피드를 올려야 해.'

두 사람은 아무 문제없이 대화를 주고받은 것 같지만 사실은 일방향 소통이다. 일방향 소통을 쌍방향 소통으로 바꿀 수 있는 것은 경청이다. 내 이야기를 한 번 하려면 상대의 이야기를 열 번 들어주는 자세가 필요하다.

어떤 코미디언은 이렇게 말했다. "다른 사람을 한 번 웃기기 위해 나는 열 번을 울었다." 자신의 이야기를 다른 사람에게 제대로 전달하는 일이 그만큼 어렵다는 의미다. 상대에게 내 이야기를 효과적으로 전달하기 위해서는 상대의 이야기를 잘 들어야 한다. 그리고 그 연장선상에서 자신의 이야기를 자연스럽게 전하는 것이 좋다.

선수들이 선호하는 옆집 아저씨 스타일의 코치들 중에는 의사소통에 무책임한 사람들도 있다. 선수들의 이야기를 모두 들어주는 것처럼 보이지만 실상은 적극적인 소통에서 꼭 필요한 피드백 과정이 빠져 있다. 대화에서 피드백 과정이 빠지면 핵심 내용을 빠뜨리고 주변 내용만을 기억하게 된다. 선수들이 분명 코치와 대화를 나눴는데 자신이 무엇을 고쳐야 하는지, 무엇을 잘하고 잘못하는지 모른다면 일방향 소통을 한 것이라 생각하면 된다.

야단치는 시간과 피드백하는 시간 구분하기

피드백의 핵심은 터놓고 이야기할 수 있는 환경을 조성하는 것이다. 피드백이 오갈 때는 객관적인 사실뿐 아니라 감정까지 함께 전달되기 때문이다. 올바른 피드백이 이뤄진다면 "아, 이런 이야기를 해주는 걸 보니 나에 대한 애정이 있구나", "그래, 내가 더 잘해야지" 하면서 피드백을 해주는 대상에게 고마운 감정이 생기기 마련이다.

하지만 강압적인 분위기에서 피드백이 전달되면 그 내용이 아무리 진실되고 합리적이라 해도 상대는 받아들이기 힘들다. "이건 피드백이 아니라 나에 대한 비난이군", "왜 나한테만 뭐라 하는 걸까?" 하면서 감정이 객관적인 진실을 가리게 되어 피드백을 무용지물로 만든다.

반대로 긍정적인 피드백이 오면 선수나 부하 직원은 기뻐하기 마련이다. 대부분의 청자는 자신의 말에 공감해주고 적절한 코멘트를 해주는 대상을 의지하고 동경하게 된다. 그래서 나는 선수에게 충고나 꾸중을 할 때는 따로 시간을 내 이야기하고, 선수의 발전에 도움이 되는 피드백도 별도로 긍정적으로 전달하라고 감독과 코치에게 주문한다. 야단치는 시간과 피드백을 하는 시간을 구분하는 것만으로도 선수들은 리더를 믿고 따르게 된다.

이와 관련해 미국의 심리학자 벌허스 프레더릭 스키너Burrhus Frederic Skinner가 중요한 이론을 발표한 바 있다.[16] 그는 인간의 모든 행동은 학습의 결과이며, 실험적 조작을 통해 학습 행동을 유발할 수 있다고 주장했다. 스키너는 인간의 행동을 자극에 의한 반응 행동과 자극에 상관없이 우연히 환경을 조작하게 만드는 조작적 행동으로 구분했다. 그는 조작적 행동을 실험에 이용했는데, 여기서 긍정적 피드백과 칭찬을 강화물로 간주했다.

강화물이란 어떤 행동을 유지하거나 행동의 강도를 증가시키는 것을 말한다. 동물이든 사람이든 자신의 행동에 대해 보상을 받으면 그 행동을 반복하게 되는데 이를 '긍정적 강화'라고 한다. 처벌이나 고통을 피하기 위해 바람직한 행위를 함으로써 그 행동이 증가되는 것은 '부정적 강화'다. 칭찬, 격려, 포상과 같은 강화물은 좋은 행동의 빈도를 늘려 지속적으로 더 나은 성과를 낼 수 있도록 도와준다. '칭찬은 고래도 춤추게 한다'는 명제가 행동심리학 측면에서는 참으로 밝혀진 셈이다.

다만 선수들을 칭찬할 때는 먼저 객관적으로 관찰한 다음 개선할 부분을 짚어주는 것이 효과적이다. 일정 시간 선수들을 관찰한 뒤 "투구 자세를 조금 고치면 훨씬 나아질 것 같은데?", "눈 감고도 3점 슛을 넣겠네. 그러면서 왜 자유투에는 약한 거야?"라는 식으로 칭찬과 개선할 점을 함께 말해주면 선수들은 "아, 나를 계속 지켜보고 있었구나"라고 생각하며 힘을 얻고 동기부여를 받는다. 그 결과 선수는 '내가 실력이 떨어져서가 아니라 투구 자세가 문제였구나. 그걸 중점적으로 연습해볼까?" 하는 식으로 개선 의지를 다지게 된다.

나는 소통한다
침묵으로

    농구 경기 결승전에서 종료 10초를 남기고 76 대 74로 2점을 뒤지고 있는 상황에 감독이 작전타임을 요청했다. 감독은 비장한 표정으로 선수들에게 지시한다.

    "이제 우리가 쓸 수 있는 무기는 딱 두 가지다. 하나는 수비를 잘하는 것이고, 다른 하나는 공격을 더 적극적으로 하는 것이다. 자, 이제 나가서 내가 시키는 대로만 해. 그럼 꼭 이길 거야!"

    선수들과 상담을 하다 보면 이와 같은 일을 자주 겪는다. 어떤 코치는 마운드에서 떨고 있는 투수에게 떨지 말라고 충고하고, 어떤 감독은 페널티킥을 차는 선수에게 페널티킥을 반드시 성공시켜야 한다고 말한다. 마운드에서 떨고 싶은 사람이 어디 있으며 페널티킥을 넣고 싶지 않은 선수가 어디 있겠는가? 이런 무책임한 충고 속에는 '어떻게'라는 핵심이 빠져 있다.

선수들이 좋아하는 코치는 '어떻게'를 선수들에게 분명하게 전달하는 사람이다. 그런데 '어떻게'가 지나치면 간섭이 되고, 무심하면 앞의 사례처럼 우스꽝스러운 상황이 벌어진다. 그러므로 선수와 상황에 따라 적절한 전략을 세워 분명하게 지시해야 한다.

코치가 신이 아닌 이상 상황에 딱 맞는 전략을 세우기란 불가능하다. 결국에는 대화로 풀어야 한다. 코치가 50분 동안 이야기하고 선수들은 5분도 이야기하지 못하는 일방적인 설교는 대화가 아니다. 선수들도 힘들고 어려운 이야기(그것이 비논리적이고 핑계로 들린다 해도)를 코치에게 자유롭게 할 수 있어야 한다.

과잉 주문이 불안감을 낳는다

효과적인 의사소통은 전달자와 수신자가 정보의 의미를 공감할 때 이뤄진다. 따라서 정보의 의미를 정확히 전달하려면 다음과 같은 대화의 기술이 필요하다.

첫째, 핵심 내용은 간결해야 한다.

어떤 코치들은 승패를 가르는 급박한 순간에도 선수들에게 이런저런 지시를 두서없이 내린다. 그러고는 자신의 지시를 선수들이 모두 알아들었다고 생각한다. 하지만 너무 많은 것을 주문하면 선수들은 어떤 지시에 초점을 맞춰야 할지 갈피를 잡지 못한다. 당연히 그 작전은 실패할 수밖에 없다.

이 경우 코치는 선수들을 책망하기보다는 자신의 의사소통이 비효율적으로 이뤄졌다는 사실을 깨달아야 한다. 특히 경기 중에는 선수들이 여러 가지 작전을 펼치느라 몸을 많이 움직이기 때문에 평소보다 더 간결하게 메시지를 전달해야 한다. 그래야 선수들이 핵심에 집중할 수 있고 작전이 성공할 수 있다.

둘째, 추상적이고 모호한 단어보다는 구체적이고 현실적인 단어를 사용해야 한다.

코치가 선수들에게 자주 던지는 추상적이고 모호한 말은 "경기 중에 떨지 말라"는 것이다. 이런 비현실적이며 하나마나한 얘기보다는 "12번 선수만 따라다녀라" 혹은 "미드필더가 오버래핑하는 것만 막아줘라"와 같은 구체적인 행동 지침이 담긴 주문이 필요하다.

다급한 상황에서는 일정한 시간에 일정한 정보만을 제공하는 것이 효과적인데, 이렇게 하려면 평소에 훈련이 잘 돼 있어야 한다. 성적이 낮은 팀에 부임한 감독이나 의욕이 넘치는 코치 중에는 선수들이 받아들이기 버거울 정도로 다량의 정보를 쏟아내는 사람이 있다. 과잉 정보는 아무런 득이 되지 않는다는 사실을 명심해야 한다.

제 아무리 말 잘하는 리더도 말이 길어지면 논점이 흐려져 정보를 제대로 전달하기 어렵다. 의사소통을 할 때는 가능하면 간결하게 소통해야 한다. 내 이야기가 상대에게 제대로 전달되고 있다면 문제없지만 상대의 의견과 차이가 있을 때는 저항도 예상해야 한다. 이때 내 의견에 노골적으로 불만을 제기하는 것도 저항이지만 무관심, 지나친 긍정, 다른 화제로 돌리는 행위, 말 끊기 등도 저항 행위로 봐야 한다.

선수 입장에서는 감독이나 코치의 '과잉 주문'이 심리적 부담으로 작용해 불안감이 생길 수 있으므로 경계해야 한다. 흔히 우리는 산만한 아이를 두고 주의력결핍 과잉행동장애ADHD 증상을 보인다고 말한다. ADHD를 앓고 있는 아동은 외부의 모든 자극에 반응하면서 모든 정보를 흡수하려는 데서 문제를 일으킨다. 수용하는 능력에 한계가 있는데 과도한 정보가 들어오니 불안정한 상태로 마무리되는 것이다.

ADHD를 겪고 있는 아동의 예에서 보듯, 자기 능력의 한계를 넘는 과도한 정보의 인풋input은 불완전한 행동이나 실수 등 실력을 떨어뜨리는 요인이 될 수 있다. 자신이 감당할 수 있을 만한 계획을 세워야 실력이 향상된다.

침묵도 대화다

나는 청소년들과 면담할 때 그들의 부모에게도 이와 같은 대화법을 권한다.

우선 어머니가 아이에게 요구한 것이 모두 아이한테 전달되지 않는다는 사실을 인지시킨다. 어머니는 아이를 혼내면서 학교 공부에 좀 더 신경 쓰고, 방도 깨끗하게 치우고, 귀가 시간도 잘 지키고, 여자 친구는 대학 간 다음 사귀고, 아버지에게 공손하라고 충고하면서 아이가 이것들을 모두 실천할 것이라고 기대한다.

그러나 아이는 다음 날에도 여전히 귀가 시간을 지키지 않는다. 이에 어머니는 자신이 한 이야기들을 아이가 모두 귓등으로 흘려들었다고 생각하고는 늦게 들어온 아이를 붙잡고 더 크게 화를 낸다.

나는 아이에게 무엇인가를 요구할 때는 딱 한 가지만 주문할 것을 부모에게 권한다. 그것이 아이와의 분쟁 요인을 줄일 수 있는 길이다. 그리고 아이에게 훈계할 때는 구체적인 말로 지시할 것을 권한다.

예를 들어 "아버지에게 공손하게 대하라"는 말보다는 "아버지에게 불량스러운 말투를 쓰지 말라"고 말하는 것이 훨씬 효과적이다. "공부를 열심히 하라"는 말보다는 "하루에 두 시간씩 공부하라" 혹은 "학교 수업에는 절대 빠지지 말라"고 말하는 게 아이 입장에서는 더 알아듣기 쉽고 실천하기도 용이하다.

잔소리 대신 침묵을 이용하는 것도 좋은 방법이다. 전날 어머니에게 혼난 아이는 다음 날 어머니의 표정과 심기를 살피기 마련이다. 자신이 해야 할 일을 실천하지 못했을 때는 더더욱 그렇다. 아이는 마음으로는 어머니와의 약속을 지키고 싶지만, 오랜 습관 때문에 쉽게 행동으로 이어지지 않는 것이다. 이럴 때 아이에게 버럭 화부터 내면서 야단을 치면 아이는 반성은커녕 반항부터 하게 된다.

부모가 침묵을 효과적으로 이용하면 아이는 눈치를 보면서 자연스럽게 자신의 행동을 돌아볼 수 있는 시간을 갖는다. 언어로 하는 대화만이 능사는 아닌 것이다.

스포츠 팀의 감독과 코치는 대부분 선수생활을 했던 사람들이다. 당연히 누구보다 선수들을 잘 이해하고 공감할 것이라고 생각하기 쉽다. 하지만 기대가 커서인지, 세대 차이 때문인지 의외로 감독과 코치는 선수들을 코칭할 때 많은 어려움을 호소한다. 효과적인 코칭 방법에 대해 몇 가지 소개하려 한다.

1. 같은 이야기도 긍정적으로 말하라

같은 이야기도 부정적인 내용보다는 긍정적인 내용이 듣기에도 좋고 전달 효과도 높다. 단점에 대한 지적이나 부정적인 쓴소리가 짧은 시간에 효과적일 수 있다. 하지만 빨리 잊히기 때문에 반복해서 자주 이야기해야 한다. 같은 이야기가 반복되면 듣는 사람은 물론 말하는 사람까지도 짜증나기 마련이다. 아무리 깊은 뜻이 담긴 말이라도 부정적인 이야기는 효과적으로 전달되기 어렵다.

2. 코칭을 받는 사람이 아무것도 모른다고 가정하라

'프로 구단에 들어온 선수니까 이 정도는 당연히 알고 있겠지', '나이도 어느 정도 들었으니 이런 건 굳이 얘기해주지 않아도 알 거야' 하고 지레짐작을 하고 마땅히 제공할 정보 전달을 생략하는 경우가 있다. 십중팔구는 실망을 하게 되고, 실망한 마음은 직접적인 감정 표현으로 연결된다. 선수들이나 부하 직원과 이야기할 때는 최대한 눈높이를 낮추고 그들이 아무것도 모른다고 가정하고 정보를 전달하는 것이 좋다.

3. 일정한 시간에 일정한 정보만을 제공하라

성적이 낮은 팀에 부임한 감독이나 의욕이 과하게 넘치는 코치들 중에는 선수들이 받아들이기 버거울 정도로 한꺼번에 많은 정보를 전달하는 사람들이 있다. 그러나 이는 과유불급이다. 선수들이 정보를 받아들이는 데는 한계가 있다. 선수들이 감당할 수 있을 만큼 구체적으로 전달해야 코칭 내용이 실력 향상으로 연결된다.

4. 타당한 목적을 갖고 일관성 있게 지시하라

그제 지시한 내용과 오늘 지시한 내용이 다르거나 혹은 그날 기분에 따라 기준이 바뀐다면 선수들은 코치를 믿지 않을 것이다. 선수들을 교육할 때는 왜 그것을 배워야 하는지를 구체적으로 설명해야 한다. 오늘 왜 이 훈련을 하는지에 대한 타당한 이유가 주어져야 기술이 몸에 붙는다.

5. 코치진이 사용하는 언어와 훈련법을 통일하라

보조 코치도 메인 코치와 같은 언어와 훈련법을 사용하는 것이 좋다. 모 프로야구 팀에는 세 명의 타격 코치가 있다는 우스갯소리를 들은 적이 있다. 그로 인해 한 선수에게 세 개의 타격 자세가 있다는 것이다. 세 명의 코치가 모두 선수들을 열정적으로 대하다 보면 이런 경우가 발생할 수도 있다. 하지만 정작 받아들이는 선수들 입장에서는 헷갈릴 수밖에 없다. 보조 코치도 메인 코치와 같은 언어와 훈련법을 사용하는 것이 좋다.

6. 피드백을 적극 활용하라

코치가 선수에게 주는 피드백뿐 아니라 선수가 코치에게 주는 피드백 또한 중요하다. 피드백의 핵심은 환경 조성이다. 피드백은 먼저 그 사람의 장점을 찾아 긍정적으로 진행하는 것이 좋다. 긍정적인 피드백은 당사자에게 격려가 되고 동기부여를 해주기 때문이다.

가끔 부정적인 피드백이 필요할 때도 있지만 그 경우 조심스럽게 진행되어야 한다. 피드백을 하는 사람의 의도와는 다르게 당사자의 반감을 사게 하거나 의욕을 떨어뜨릴 수 있기 때문이다. 겉으로는 받아들이는 것처럼 보이지만 속으로는 부정적인 내용에 동의하지 않는 것이다.

피드백은 상대를 돕는 마음으로 시작해야 한다. 따라서 처음 피드백을 하는 그룹이라면 긍정적인 내용, 그 사람이 잘하는 점을 말해주는 것이 좋다.

7. 적절한 행동은 칭찬을 통해 강화하라

일희일비하는 상황에서 칭찬과 강화가 주어진다면 그 가치는 떨어진다. 일정한 기간을 갖고 선수들을 객관적으로 관찰한 뒤 적절한 칭찬과 강화가 주어진다면 효과적인 배움의 자세를 유발하고, 선수 스스로 잘못된 점을 개선하게 할 수 있다.

8. 코칭을 받는 사람에게 기회를 부여하라

신체적·정신적으로 완벽하게 준비되었다 해도 실전에서 뛰지 못한다면 이 모든 준비는 허사가 된다. 혼신을 다해 연습을 했는데 막상 실전에 투입되지 못하고 벤치만 지킨다면 그 선수는 실망감이 매우 클 것이다. 팀에 무리가 되지 않는 선에서 모든 선수에게 공평하게 출전 기회를 제공하는 것이 좋다. 현장에서 느낄 때, 선수들에게 심리 치료보다 더 효과적인 것은 경기 출전 기회다.

행복해지기로 한
당신에게

"열심히 하면 못할 게 없다."

의대생 시절, 이 말을 들으면 부럽기도 하고 한편으로 매우 화가 나기도 했다. 나는 아무리 노력해도 안 되는 무식한 노력꾼의 표상이었기 때문이다. 많이 힘들었다. 무엇을 해야 성공할 수 있는지, 그 방법이 대체 무엇인지 내게 알려줄 수 있는 사람을 찾아 헤맨 적도 있다.

당시 나는 10만큼 노력하면 10만큼 잘하고, 50만큼 투자하면 50만큼 거두는 게 당연하다고 생각했다. 하지만 현실은 그렇지 않았고 나는 세상에 대한 불만으로 가득 차 있었다. 그런데 이제 돌이켜보면 10만큼 노력했다는 사실은 어디까지나 나의 주관적인 기준이었던 것이다. 그 노력의 방향성도 참 모호했다. 운동장에서 손발이 닳도록 훈련하지만 평생 2군에 머무는 선수들, 진료실에 찾아오는 절망에 빠진 젊은이들을 보면 예전의 내 모습을 보는 듯하다.

현대인은 자신이 불행하다고 생각하면 자기분석을 통해 행복을 찾고 싶어 한다. 그런데 이러한 행위들이 강박증 환자 못지않다. 강박증에 시달리는 사람은 행복한 사람이 아니다. 불안해지지 않으려고 끊임없이 뭔가를 준비하기 때문이다. 자신이 정해놓은 '완벽한 상태'를 얻고자 작은 행복이 숨 쉴 틈조차 만들어놓지 않는 것이다.

이처럼 강박에 사로잡혀 사는 사람들이 있는가 하면 같은 환경과 조건에서도 행복을 찾아가는 사람들이 있다. 그들은 특별히 잘났거나 뛰어난 조건을 갖춘 것도 아니다.

하루에 몇십 명의 환자를 보던 정신과 의사가 밤을 꼬박 새우고 지방 원정 경기에 찾아가 선수들을 만날 때, '여기가 바로 내가 쉴 곳이다'라고 느끼는 행복. 몇 달 동안 준비한 프로젝트의 성패를 결정짓는, 피 말리는 프레젠테이션 날에 문득 초등학교 1학년 딸아이의 줄넘기 급수가 걱정되는 행복. 온종일 상사에게 시달려 머리가 터질 듯하지만 아내와 맥주 한잔하기 위해 퇴근길에 편의점에 들르는 행복. 소소한 행복을 느낄 수 있는 일상에서의 틈을 우주와 시간을 넘나드는 스타게이트보다도 더 소중하게 여기는 사람들일 것이다.

이처럼 '작은 행복'을 소중히 여기는 사람이 '커다란 욕망'에 집착하는 이보다 더 행복한 이유는 분명하다. 실현 가능한 행복을 욕망하고, 그렇게 실현한 행복을 밑천 삼아 좀 더 큰 행복에 도전해나가고 있기 때문이다.

가령 '내년 리그에는 반드시 MVP 선수가 되어야지', '최고의 몸값을 자랑하는 선수가 될 거야'가 아니라 '타구 실력을 높이기 위한 자세 교정부터 해야지', '결정적인 순간에 긴장을 완화시킬 수 있는 이완 훈련을 받아야겠어' 하는 식으로 현실적이면서도 점증적으로 나아질 수 있는 노력에 집중하면 불안감을 해소하고 행복과 가까워질 수 있다. 이는 '불안해지지 않기 위해 열심히 사는 강박증 환자'에서 '행복해지기 위해 미래를 준비하는 주체'로 정체성을 바꿔나가는 작업이기도 하다.

책을 마치며 한 가지 부탁하고 싶다. "나는 누구인가?"라는 촌스러운 질문을 기억해주길 바란다. 사람들은 불안해지면 자신을 잃어버린다고 생각하지만, 실제로 내가 상담한 사람들은 대부분 그 반대였다. 다시 말해 자신이 어떤 사람인지 모르기 때문에 불안해하는 경우가 더 많았다.

불안은 인간의 보편적인 심리 상태다. 불안을 일으키는 대상과 시기는 따로 정해져 있지 않으며 행위불안, 시험불안, 공황장애 등의 부정적인 모습으로 나타나기도 하고 미래에 대한 예측과 대비, 결과 추정, 현재의 발전 등 긍정적인 관점에서 해석되기도 한다. 욕망이 해결되지 않는 한 인간은 불안과 허무함에서 벗어날 수 없다. 인간이 불안으로부터 벗어날 수 없는 운명이라면 자기 자신을 믿고 최선의 삶을 선택하면서 살아갈 수밖에 없다. 그런 만큼 정체성이라는 끈을 붙들고 살아간다면 육체적·정신적 소진을 조금이라도 덜 수 있을 것이다.

"내게 소중한 것은 이 소설이 아니라 소설을 쓰던 시간들이었다."

내가 좋아하는 소설가 천명관의 소설 《나의 삼촌 브루스 리》의 '작가의 말'에 나오는 구절이다. 책을 탈고하고 나니 이 말의 의미를 어렴풋이나마 알 것 같다.

이 책을 쓰는 동안 새어나오는 수도꼭지의 물방울처럼 공개하게 된 나의 과거를 돌아보면서 나는 또 하나의 진실과 마주했다. '해도 해도 안 되는 인간으로 태어난 게 내 운명인가?' 하면서 나 자신을 원망하던 20대 시절. 그토록 지리멸렬하고 아팠던 그 시절이 실은 내가 원하는 인생으로 살도록 이끌어준 고마운 시간이었다. 그 사실을 깨닫는 데 무려 20년이라는 세월이 걸렸다.

당신이 힘들게 보내고 있는 지금 이 시간은 나중에 돌아보면 더 나은 삶으로 진화하기 위한 성장통의 시기일지도 모른다. 불안은 때로 진화를 예고하기도 하니까 말이다.

끝으로 이 말을 전하고 싶다.

"끝날 때까지 끝난 게 아니다It ain't over till it's over."

메이저리그 사상 최고의 포수로 꼽히는 뉴욕양키스의 전설, 요기 베라Yogi Berra가 한 말이다. 인생이라는 경기도 마찬가지다. 이 삶이 다할 때까지 끝난 삶은 어디에도 없다. 그러니 당신의 삶을 절대 놓아버리지 않기를 바란다.

이 책이 행복과 가까워지려는 세상의 모든 당신들에게 도움이 되기를 기대한다.

스포츠 정신의학이라는 매력적인 세계를 탐험하면서 내가 느끼고 경험한 것들을 이야기하고 싶었습니다. 나는 참 행복한 사람입니다. 지금 걷고 있는 이 길에 많은 분이 함께하고 있으니까요.

언제나 무조건적인 지지와 기도로 응원을 보내주시는 부모님, 바쁘다는 핑계로 집안일에 무심한 데다 툭하면 밖으로 떠도는 나 같은 간 큰 남편을 데리고 살아주는 아내와 사랑스러운 두 딸, 철모르는 의사였던 나를 10년 가까이 이끌어주신 LG트윈스 김용일 트레이닝 코치님, 많은 선수들을 만날 수 있게 도와주신 넥센히어로즈 이지풍 트레이닝 코치님, 서툰 영어로 스포츠 심리를 배우고자 보스턴대의 문을 두드렸을 때 수업료 한 푼 받지 않고 흔쾌히 제자로 거둬주신 레너드 자이코프스키Leonard Zaichkowsky 교수님, 내 이야기를 처음으로 세상과 소통하도록 도와주신 〈조선일보〉 김동석 차장님, 대한축구협회 주치의 송준섭 박사님, 어려운 일이 있을 때마다 나를 찾아와 마음을 열어주는 선수들과 코치님들과 감독님들, 매일 아침 15층 건물의 계단을 한마디 불평 없이 걸어 올라가 회진을 준비하는 나의 수련의 선생님들, 병원의 스승님들, 스포츠를 사랑하면서 나와 같은 생각을 하고 있는 정신건강의학과 의사들·심리학자들·스포츠 심리학 관계자 분들, 그리고 이 책을 위해 애써준 청림출판 여러분에게 진심으로 고마움을 전합니다.

한덕현

···주···

1 Erik H. Erikson, Joan M. Erikson, *The Life Cycle Completed* (New York·London: W. W. Norton&Company, 1998).

2 Watson C.G., Wold J., "Logical reasoning deficits in schizophrenia and brain damage," *Journal of Clinical Psychology* 37(3) (July 1981), pp.466~471.

3 Hal Urban, *Positive Words, Powerful Results: Simple Ways to Honor, Affirm, and Celebrate Life* (New York: Simon&Schuster, 2004).

4 Erik H. Erikson, Joan M. Erikson, *op. cit.*

5 Birk J.L., Dennis T.A., Shin L.M., Urry H.L.,"Threat facilitates subsequent executive control during anxious mood," *Emotion* 11(6) (December 2011), pp.1291~1304.

6 Marcus Buckingham, Donald O. Clifton, *Now, Discover Your Strengths* (New York: The Free Press, 2001).

7 Karen Honey, *The Neurotic Personality of Our Time* (New York·London: W. W. Norton&Company, 1994).

8 Barry Schwartz, *The Paradox of Choice: Why More Is Less* (New York: HaperCollins, 2004).

9 Erik H. Erikson, Joan M. Erikson, *op. cit.*

10 Anders S., Eippert F., Wiens S., Birbaumer N., Lotze M., Wildgruber D., "When seeing outweighs feeling: a role for prefrontal cortex in passive control of negative affect in blindsight," *Brain* 132 (PT 11) (November 2009), pp.3021~3031.

11 Heinz Kohut, *The Restoration of the Self* (Chicago · London: The University of Chicago Press, 2009).

12 N. Gregory Hamilton, *Self and Others: Object Relations Theory in Practice* (Lanham · Boulder · New York · Toronto · Oxford: Rowan & Littlefield Publishers INC., 2004).

13 Wannebo W., Wichstrøm L., "Are high school students living in lodgings at an increased risk for internalizing problems?" *Journal of Adolescence* 33(3) (June 2010), pp.439~447.

14 David P., Celani, *Fairbairn's Object Relations Theory in the Clinical Setting* (New York: Columbia University Press, 2010).

15 Nancy McWilliams, *Psychoanalytic Diagnosis, Second Edition: Understanding Personality Structure in the Clinical Process* (New York: The Guilford Press, 2011).

16 William O'Donohue, Kyle E. Ferguson, *The Psychology of B.F. Skinner* (New York · London: Sage Publication Inc, 2001).

한덕현

스포츠 정신의학 전문의. 중앙대학교 정신건강의학과 부교수이자 LG트윈스 프로야구단 심리주치의를
맡고 있다. 중앙대학교 의과대학을 졸업하고 동 대학원에서 박사학위를 받았다. 중앙대학교병원
정신건강의학과에서 전공의와 전임의 과정을 마쳤다. 하버드대학교 의과대학 뇌과학연구소에서
연구전임의를 지냈고 보스턴대학교 스포츠 심리학과에서 공동 연구를 진행했다. 국제스포츠정신의학회
정회원으로 현대유니콘스 프로야구단, 대전시티즌 프로축구단, 수원삼성블루윙즈 프로축구단,
서울삼성썬더스 프로농구단, 축구선수 이청용, 야구선수 봉중근 등의 심리 자문 및 심리 치료를 담당했다.
현재 중앙대학교병원 스포츠정신의학클리닉에서 골프, 야구, 축구, 농구 분야의 선수들에게 심리 상담을
하고 있다.

마음속에는 괴물이 산다

1판 1쇄 발행 2013년 3월 19일
1판 3쇄 발행 2017년 1월 6일

지은이 한덕현
펴낸이 고영수
펴낸곳 청림출판
등록 제1989-000026호
주소 06048 서울시 강남구 도산대로 33길 11(논현동 63)
     10881 경기도 파주시 회동길 173(문발동 518-6) 청림아트스페이스
전화 02)546-4341 **팩스** 02)546-8053

www.chungrim.com
cr1@chungrim.com

ISBN 978-89-352-0959-0 03180